세금 모르면
해외구매대행업
절대로 하지 마라

똑같은 매출인데 왜 내 세금만 더 많을까?

세금 모르면 해외구매대행업
절대로 하지 마라

초판 1쇄 인쇄 2023년 12월 4일
초판 1쇄 발행 2023년 12월 18일

지은이 서정민 서정무

발행인 백유미 조영석
발행처 (주)라온아시아
주소 서울특별시 서초구 방배로180 스파크플러스 3F

등록 2016년 7월 5일 제 2016-000141호
전화 070-7600-8230   **팩스** 070-4754-2473

값 18,500원
ISBN 979-11-6958-090-8 (13320)

라온북은 독자 여러분의 소중한 원고를 기다리고 있습니다. (raonbook@raonasia.co.kr)

똑같은 매출인데 왜 내 세금만 더 많을까?

세금 모르면 해외구매 대행업

절대로 하지 마라

서정민 · 서정무 지음

국내 최초, 최고의 해외구매대행 관련
세금 전문 회계사가 알려주는
해외구매대행업 세금 문제의 모든 것!

세금의 기초부터 절세 전략까지
본업과 부업을 넘나드는 N잡러가 넘쳐나는 시대,
해외구매대행으로 대박을 원하는 당신이 꼭 만나야 할 멘토!

해외구매대행업
세금의 BASIC부터
절세의 JUMP UP까지
상세한 GUIDE!

RAON
BOOK

RAON
BOOK

세금 모르면 해외구매대행업
절대로 하지 마라

코로나 바이러스와 같이 예상치 못한 일들이 계속 일어나고 있습니다. "열심히 공부해서 좋은 대학에 가고 안정적인 직장을 얻어서 안정적으로 살 수 있을까?"에 대한 회의감이 든 지 오래입니다. 급격한 사회 구조의 변화 속에서 '각자도생(各自圖生)'이라는 키워드가 자연스럽게 사람들 간 대화에 오르내리고 있으며, 누구나 투잡, 쓰리잡, 심지어는 N잡을 고민해 보거나 시도하고 있습니다.

이러한 새로운 변화의 물결에 올라탄 사람들은 기존에 없던 새로운 방식으로 부자가 되고 있습니다. 억대 연봉의 유튜버가 나타나기 시작했으며, 국내 온라인스토어 판매, 해외구매대행업 등을 통하여 새롭게 부자가 된 사람들이 계속해서 나타나고 있습니다. 특히 그중에서 해외구매대행업은 정말로 매력적인 사업 중 하나입니다. 왜냐하면, 상대적으로 리스크가 적은 사업이기 때문입니다.

해외구매대행업은 재고를 직접 가지고 있는 사업이 아니기 때문에, 초기 자본이나 재고 부담 등 사업에 대한 리스크가 상대적으로 매우 낮은 편입니다. 또한, 초기에는 인적자원이 많이 필요하지 않아서 혼자서도 충분히 시작할 수 있습니다. 그뿐만 아니라, 최근에는 이러한 해외구매대행업을 보다 편리하고 쉽게 할 수 있도록 관련 교육 프로그램과 소프트웨어 등도 출시되어 있어서 새롭게 사업을 하기가 상대적으로 쉽습니다.

하지만 사업을 시작하고, 잘하는 것만큼이나 중요한 것은 바로 '세금'입니다. 왜냐하면, 열심히 돈을 벌었는데 세금에 대해 무지하여 제대로 된 세금신고를 하지 않는다면, 벌어들인 돈뿐만 아니라 가산세 폭탄과 함께 지출하지 않아도 될 돈이 세금으로 지출될 수 있기 때문입니다.

요즘은 정보의 홍수라는 말도 부족할 만큼 정말 많은 정보가 넘쳐나고 있습니다. 해외구매대행업에 대한 세금과 관련된 정보도 그렇습니다. 하지만, 잘못된 정보도 넘쳐나는 것이 현실입니다. 최근에도 해외구매대행사업자 한 분께서 세금신고와 관련하여 연락을 주셨는데, 이전에 세금신고한 내역을 검토해보고 정말로 놀랐습니다. 해외구매대행업으로 벌어들인 소득을 모두 세금으로 납부하고 계셨기 때문입니다. 심지어는 해외구매대행 사업을 통해서 얼마를 벌고 있는지, 벌어들인 소득을 세금으로 다 납부하고 있는지조차도 잘 모르고 계셨습니다.

여전히, 많은 사업자분께서 해외구매대행업 전문가를 찾아가서 세금신고를 맡기는 것을 어려워하시거나, 맡기는 수수료가 아까워서 셀프로 세금신고를 해보는 분들이 있습니다. 이런 분들이 얼마 지나서 세무서로부터 연락받고 저희 카카오톡 채널을 통해서 도움을 달라고 연락해올 때면 너무나도 안타깝습니다. 사업만 집중하기에도 바쁜데 세금에 대해서 신경 쓰고 스트레스를 받는 건 물론이고, 제때 제대로 신고만 했더라면 내지 않아도 되는 가산세도 내야 하기 때문입니다.

해외구매대행업은 일반적인 음식점, 도소매업과 다르게 세금신고에서도 이슈가 많이 있습니다. "매출 전체를 신고할지 아니면 대행 수수료 매출만 신고할지?", "대행 수수료 매출은 어떻게 계산하는지?", "매입 시 외화 환율은 어떤 것으로 적용할지?", "배송대행지 수수료와 관세 대납액이 있다면 어떻게 처리할지" 등 사업의 전반에 걸쳐서 이러한 프로세스를 이해하지 못한다면, 정확한 세금신고가 어렵습니다. 잘못된 세금신고는 세금의 과다 납부로 이어지고, 불필요하게 간이과세자에서 일반과세자로 전환되는 등 여러 가지 불이익을 받을 수 있습니다.

저는 공인회계사로 딜로이트 안진회계법인에서 근무 후 창업을 하고 싶어 스타트업에 들어가기도 해보고, 직접 창업도 하고, 투자도 받아보았습니다. 특히, 스마트스토어를 통해 온라인 판매사업도 해보고 직접 해외구매대행도 자연스럽게 경험해보면서 사업에 대한 이해도를 높여 왔습니다. 지금은 해외구매대행업 사업자들의 세금신고를 많이 도와주다 보니 세금신고 기간에 다른 세무사에게 기장을 맡기고 계신 해외구매대행업 사업자분들도 세금신고를 해달라고 찾아오곤 합니다.

해외구매대행업을 통해서 돈을 벌고 싶으신가요? 그렇다면, 무조건 세금에 대해서 아셔야 합니다. 아니면, 적어도 잘 알고 있는 전문가를 옆에 두고 사업을 하셔야 합니다. 열심히 돈 버는 것만큼이나 잘 챙겨야 하는 게 쓸데없이 내지 않아도 될 돈을 더 내는 것이니까요. 해외구매대행업을 하시는 사업자분들, 해외구매대행업을 시작해 보려고 하는 예비사업자분들에게 이 책이 조금이나마 도움이 되길 바라며 글을 씁니다.

서정민, 서정무

1 해외구매대행업, 세금과 세무를 알아야 돈 된다

2 월 1,000만 원 버는 해외구매대행업 사장님들이 반드시 챙기는 것

3 해외구매대행업 세금과 세무 전략 BASIC

해외구매대행업 절세전략
- JUMP UP!

4

5

해외구매대행업 세무전문가, 어떤 기준으로 만나야 하는가?

1장

해외구매대행업,
세금과 세무를 알아야
돈 된다

1
초격차의 시대,
왜 해외구매대행업인가?

📖 부자로 가는 '새로운 기회'

사람들은 늘 부자를 꿈꾼다. 돈을 많이 벌어서 좋은 차를 타고, 좋은 집에 살고 싶어 한다. 사람들은 어떻게 하면 부자가 될 수 있을지 항상 궁금해한다. 부자가 되기 위해서 부자로 성공한 사람들의 책을 사서 보기도 하고, 유튜브 등 부자가 된 사람들의 영상을 찾아보기도 한다.

코로나19는 비대면 온라인 방식으로 우리의 일상을 급격하게 변화시켰다. 이제는 식당에 가서 종업원에게 주문하는 것이 아니라 키오스크로 주문하는 것이 매우 자연스러운 일이 되고 있고, 마트나 시장에 직접 가서 신선도를 직접 확인하지 않고 온라인에서 바로 장을 보는 것도 일상화되었다. 급격한 일상의 변화 속에서 코로나19 이전의 부자로 성공한 방식으로는 더 이상 부자가 될 수 있다고 장담하기 어려워졌다. 그러나, 새로운 변화에 적응하고, 이를 부의 계층 사다리를 건너가는 새로운 기회로 활용하는 사람들은 점점 더 부자가 되고 있다. 그 새로운 기회의 중심에 해외구매대행업이 있다.

📑 해외구매대행업의 6가지 장점

그렇다면, 여러 가지 사업 중 왜 '해외구매대행업'인가? 해외구매대행업은 다른 사업에 비해서 여러 가지 장점이 많다.

첫째, 재고에 대한 위험이 없다. 해외구매대행업은 고객으로부터 주문이 들어오면, 해외구매대행사업자가 고객을 대신하여 물건을 구매해주는 사업이다. 따라서, 해외구매대행 사업자가 재고를 미리 보유할 필요가 없다.* 재고를 보유할 필요가 없기 때문에 판매 부진 등에 따른 재고손실에 대한 부담도 없다.

둘째, 초기 투자 비용이 적게 든다. 극단적으로, 노트북이나 PC 하나만 있어도 시작을 할 수 있다. 어느 정도 재고를 구매하기 위한 초기 투자 비용이 필요가 없고, 재고를 보관하기 위해서 창고나 공간도 필요가 없다.

셋째, 투입 대비 돈을 많이 벌 수 있다. 다른 사업과 달리 초기 자본투입이 거의 없기 때문에 투입 대비 수익률이 높다고 볼 수 있다.

---

* 국세청에 따르면 해외구매대행업의 요건 중 하나는 '국내에 창고 등의 보관장소가 없고, 별도로 재고를 보유하지 않을 것'으로 명시하고 있음.

직접 만나본 해외구매대행업 사장님들은 적게는 매월 몇백만 원부터 매월 천만 원 이상 벌어가는 분들도 심심치 않게 보았다.

넷째, 인적자원이 많이 필요하지 않다. 해외구매대행업을 하시는 사장님들을 직접 만나보면 대부분 직원 없이 혼자서 일하시는 분들이 많다. 그나마 직원을 써도 정직원이 아닌 단기 아르바이트 정도만 쓴다. 최저시급이 높아지고 인건비가 갈수록 높아지는 현실 속에서, 혼자서도 할 수 있다는 것은 큰 장점이다.

다섯째, 공간에 대한 제약이 적다. 따라서, '디지털 노마드'가 가능하다. '디지털 노마드'란 '디지털(Digital)'과 '유목민(nomad)'의 합성어로, 인터넷이 되는 곳이면 공간의 제약 없이 재택, 원격근무를 하면서 자유롭게 생활하는 사람들을 말한다. 쉽게 이야기해서 노트북 하나만 있으면, 카페에서 일하거나 여행을 다니면서 일할 수도 있다.

여섯째, 다른 사업에도 도움이 된다. 해외구매대행업을 시작해서 돈을 많이 번 사장님들은 결국 해외구매대행업만 하지 않고, 다른 사업으로 확장한다. 해외구매대행업을 하면 상품의 소싱(Sourcing)부터, 마케팅(Marketing), 고객응대(CS, Customer Service) 등 온라인 사업 전반에 대해 이해하게 된다. 이러한 부분은 다른 사업에도 크게 도움을 줄 수 있다.

최근에는, 사업을 하는 데 도움을 받을 수 있는 교육과 프로그램

이 많이 출시되어 있다. 해외구매대행업은 해외에 있는 물건을 구매해 오는 것이다 보니 '해외 결제는 어떻게 해야 하는지', '해외에서 국내로 배송은 어떻게 할지', '수입통관 하는 방법은 어떻게 되는지' 등에 대해 다양한 어려움이 있을 수 있다. 해외구매대행업이 활발하지 않던 초기에는 이러한 부분에 대한 정보가 많이 없어서 처음 해외구매대행업을 하시는 사장님들이 사업을 하기가 어려운 적도 있었다. 그러나, 최근에는 이러한 부분을 도와주는 교육과 정보가 많이 나와 있고, 오픈마켓에 상품등록을 도와주는 프로그램 등도 많이 출시되어 있어서 사업을 하는 데에 어려움이 많이 줄었다.

📋 준비된 사업자에게 아직도 기회는 많다

해외구매대행업을 해보는 사람들이 최근에는 정말 많이 생겼다. 그렇다면, 해외구매대행업은 이미 레드오션일까? 그렇지 않다. 분명 초기 시장보다는 경쟁이 더 치열해진 건 사실이지만, 준비된 사업자에게는 아직도 돈 벌 기회는 많다.

그렇다면 무엇을 준비해야 할까? 사업을 시작하고, 돈을 많이 버는 것만큼이나 중요한 것이 바로 '세금'에 대한 준비다. 왜냐하면 세금에 대해서 제대로 잘 알지 못하고 준비하지 않는다면, 벌어들인 돈뿐만 아니라 그 이상의 돈을 세금으로 지출하게 되어 오히려 더 큰 손해를 볼 수 있기 때문이다.

해외구매대행업 부가세, 종합소득세 신고 대리업무와 해외구매대행업 관련 오프라인 강의를 하면서 해외구매대행업을 하시는 수천 명의 사장님들을 만나보았다. 그러나, 세무전문가로서 안타까운 점은 대부분 사장님들이 해외구매대행업에 대해서는 잘 알지만, 해외구매대행업의 세금에 대한 준비가 전혀 되어 있지 않다는 점이다.

해외구매대행업은 일반적인 매출 신고와 다르게 '순매출'을 정확하게 산정하여 세금신고를 하는 것이 매우 중요하다. 하지만, 그러한 부분에 대해서 무지하거나 온라인에 떠도는 잘못된 정보를 가지고 셀프로 세금신고를 하고 계신 분들이 정말로 많다. 한번은 해외구매대행업을 하시는 어떤 사장님께서 부가가치세 신고대리를 의뢰해서 이전에 냈던 부가가치세 신고자료도 같이 검토해 드린 적이 있었다. 그런데, 해외구매대행업으로 벌어들인 소득을 모두 세금으로 납부하고 계셔서 매우 놀랐다. 심지어는 해외구매대행업을 통해서 내가 '얼마를 벌고 있는지', '벌어들인 소득 중 얼마를 세금으로 납부하고 있는지'조차도 잘 모르고 계셨다.

해외구매대행업으로 돈을 벌고 싶다는 생각이 든다면, 무조건 세금에 대해서 알아야 한다. 아니면, 적어도 해외구매대행업 세금에 대해서 잘 알고 있는 전문가를 옆에 두고 사업을 해야 한다. 열심히 돈을 벌어서 세금으로 모두 내고 끝난다면 그것만큼 어리석은 일이 또 없지 않을까?

2
해외구매대행,
그다음 사업의 준비

해외구매대행업을 잘하다 보면 다른 사업으로 가는 길이 보인다. 상품의 소싱부터 고객응대, 마케팅까지 사업 전반의 메커니즘을 모두 경험하기 때문이다. 그래서인지 해외구매대행업을 하시는 사업자 중 다른 사업을 같이 하시거나 해외구매대행업에서 돈을 벌고 나서 다른 사업으로 업종을 전환하는 분들이 종종 있다.

🖱 사장님, 해외구매대행업만 평생 하실 건가요?

해외구매대행업을 하시는 사장님께 해외구매대행업만 계속해서 하실지 물어본다면, 그렇지 않다고 답변하는 분들이 많다. 해외구매대행업으로 돈을 벌어보면서 사업에 대한 자신감이 생긴 사장님이라면 더욱더 다른 사업도 도전해 보고 싶은 열망이 크다. 해외구매대행업을 하다가 확장할 수 있는 다른 사업의 종류에는 어떤 것들이 있을까? 여러 가지가 있지만 그중 하나는 직접 재고 사업을 통한 온라인 판매다. 이미 해외구매대행업을 경험한 사업자분들은 상품을 어디에서 어떻게 구해오는지, 들어온 상품을 어떻게 온라인 스토어에 등록하고, 마케팅은 어떻게 하는지 등 사업 전반적인 부분에 대해 어느 정도 이해가 되었기 때문에 구매대행을 하는 것 대신 직접 팔릴만한 물건을 찾아서 구매해 판매하고 싶어 한다. 물론 재고에 대한 리스크는 있지만 팔릴만한 물건만 잘 고르고, 저렴한 가격에 구매해 올 수만 있다면 구매대행보다 더 많은 매출을 올릴 수 있기 때문이다.

좀 더 나아가서는 OEM 생산을 통한 자체 브랜드를 구축하시는 사업자도 있다. 대량으로 생산이 가능한 공장을 직접 찾아 연락하고, OEM 생산과 브랜드 상표 등록을 통해서 다른 경쟁업체보다 높은 진입장벽을 구축하는 것이다. 이 경우에도 초기 자본이 많이 들지만, 판매만 잘 이루어진다면 해외구매대행보다 더 많은 돈을 벌수도 있다. 이처럼 온라인 분야에서 사업을 확장하시는 사장님도 있지만, 때로는 오프라인 사업으로 확장하시는 사업자도 있다. 해외구매대행 사업을 하시면서 카페를 창업하기도 하고, 음식점을 창업하시는 사업자도 있다.

어쨌거나 이렇게 다른 사업으로 확장하시는 사장님들은 이미 해외구매대행업을 통해서 사업에 대한 전반적인 부분에서 경험치가 축적되었기 때문에, 시행착오를 최소화할 수 있어서 처음 사업을 하시는 분보다 상대적으로 더 빠르고, 문제를 줄여가며 사업을 해나갈 수 있다.

🗒 새롭게 시작하는 사업, 세무이슈는 없을까?

다른 사업을 처음 알아보시는 사장님들이 사업에 대해서는 정말 열심히 알아보지만, 정작 세무상 고려해야 할 사항은 무엇이 있는지는 잘 모르는 경우가 많다. '해당 사업이 부가가치세법상 과세사업인지 면세사업인지', '개인사업자로 사업을 하는 게 더 나을지, 아니면 법인사업자로 사업을 시작하는 게 더 유리할지', '세액감면 공제는 해당이 되는 업종인지 아닌지', '비용처리 관점에서 해당 업종에서 고려해야 할 사항은 없는지', '그 밖에 다른 세무적인 이슈 사항은 없는지' 등 사업을 시작하기 전에 조금만 더 신경 써서 미리 알아만 보아도 세무리스크도 줄이고 훨씬 더 유리하게 사업을 시작할 수 있는 부분이 있지만, 이러한 부분에 대해서 간과하는 사업자가 많다. 사전에 준비하지 않고 사업을 시작했다가 이후에 다시 바로 잡으려면 시간과 노력도 필요하고 불필요한 돈이 낭비될 수도 있다.

한번은 해외구매대행업을 하시는 사업자분께서 새로운 사업을 하시면서 법인사업자를 내고 새로운 사업과 관련하여 세무 상담받으러 오셨다. 법인사업자를 스스로 내고 오신 것 자체는 전혀 문제가 없지만, 왜 법인사업자를 내셨는지 물어보았는데 답변이 무척이나 당황스러웠다. 법인사업자를 낸 이유가 '개인사업자보다 세금도 더 작은 거로 알고 있고 무엇보다도 있어 보인다는 것'이었다. 있어 보인다니! 젊은 사장님이어서 보이는 부분도 중요하다는 건 일정 부분 이해가 되지만, 사업자는 그런 이유로 내서는 절대로 안 된다. 실제 상담을 해보면 법인사업자를 별로 고민 없이 내거나 간이과세자가 더 유리한 상황에서 일반과세자를 선택하신 사장님들에게 그 이유를 물어보면 세무적인 접근이 아닌, 전혀 다른 이유로 의사결정하는 경우가 많다. 이렇게 되면 불필요한 돈과 시간 낭비밖에 되지 않을 뿐만 아니라 심하면 사업 자체가 어려워질 수도 있다.

🖱 새로운 사업은 세무전문가와 함께 미리 준비하자

한번은 사업자분께서 '이런 사업을 구상하고 사업자등록을 했는데 해당 업종은 세금 관련해서 감면은 가능한지' 문의한 적이 있다. 문의하신 사업은 반찬 제조업이었는데, 이미 거래처가 어느 정도 확보가 된 상황이었기 때문에 감면 적용 여부에 따라 세금이 크게 차이가 날 수 있는 상황이었다. 사업자등록을 한 내용을 확인해보니 소매업/식료품으로 사업자등록이 되어있었는데, 이 업종의 경우 창업감면이 불가능한 업종에 해당하였다. 만약에 직접 사업자등록을 하기 이전에 세무전문가에게 문의하고 사업자등록을 하였다면, 소매업/식료품이 아닌 반찬제조업으로 사업자등록을 냈을 것이고, 이렇게 되면 창업감면이 가능한 업종에 해당되어 감면을 100% 받을 수 있었을 것이다. 하지만 이미 사업자를 내고 사업을 하고 있었기 때문에 이 사업자의 경우 업종을 변경하거나 제조업 등을 추가해도 세법상 창업으로 보지 않으므로 창업감면을 적용받을 수 없었다. 실제로 이분의 경우 사업 초기부터 매출이 크게 발생하여 1년에 세금을 수천만 원이나 부담해야 했는데, 미리 나에게 와서 상담만 받았더라면 내지 않아도 될 세금이라고 말씀드리니 너무 아쉬워하시면서 미리 그러지 못한 것에 대해서 정말 크게 후회가 된다고 말씀하셨다.

이처럼 다른 사업을 시작하기 전에 회계사와 사전에 조금만 상담받아도 작게는 수백만 원에서, 많게는 수천만 원 이상의 세금을 아낄 수도 있다. 세무전문가와 미리 상담받으면, 절세뿐만 아니라 사업적인 부분에서도 자금구조나 좀 더 유리한 방향으로 사업을 시작할 수 있는 부분도 코칭이 가능하다. 새로운 사업으로 돈을 벌고 싶다면, 반드시 이러한 부분에 대해서 사업을 시작하기 전에 세무전문가에게 조언을 구하도록 하자.

3

해외구매대행만 잘하면
월 1,000만 원 벌 수 있을까?

📑 해외구매대행업으로 '월 1,000만 원 번다'는 의미

얼마를 매월 벌어야 돈을 많이 번다고 할 수 있을까? 돈을 많이 번다는 것에 대해서 사람마다 기준은 각각 다르겠지만, 일반적으로 직장을 다니는 사람들끼리 이야기를 할 때 연봉 1억 원을 기준으로 삼는 경우가 많다. 최근 통계청이 발표한 '2021년도 임금근로일자리 소득(보수) 결과'에 따르면 월 1천만 원 이상 임금 소득자는 전체의 3.1% 정도라고 하니, 연봉으로 1억 원 이상을 받는다는 것은 적지 않은 금액임에는 틀림이 없다.

그렇다면, 해외구매대행업으로 월 1천만 원을 번다는 것은 어떤 의미일까? 해외구매대행업에서 매월 총매출이 1천만 원 발생하면 1천만

워을 번 것일까? 그렇지 않다. 해외구매대행업에서 나의 매출은 내가 해외에서 고객을 대신하여 물건을 구매해주는 것에 대한 구매대행수수료이다. 예를 들어, 온라인 오픈마켓에서 물건을 100원에 판매하였고, 해당 물건의 매입 가격과 배송대행지 비용 등이 70원이라면, 나의 매출은 판매가격에서 매입, 배송대행지 비용 등을 차감한 30원이 된다. 여기에 사업에 필요한 사무실 임대료, 통신비, 차량 유지비 등 사업에 직접적으로 사용된 비용이 10원이 발생하였다면 이를 차감한 20원이 바로 순이익이 된다. 이렇게 계산된 순이익이 월 1천만 원이 되어야 해외구매대행업으로 월 1천만 원을 번다고 할 수 있다.

해외구매대행업으로 월 1천만 원을 번다고 한다면, 사업자별 해외구매대행 이윤의 책정에 따라 차이가 있을 수 있지만, 최소한 매월 해외구매대행 총판매금액을 기준으로 약 5천만 원 이상 매출이 발생해야 월 1천만 원 이상을 벌 수 있다.

실제로 수많은 해외구매대행업 사장님들의 세금신고를 해보면, 월 1천만 원 이하를 벌고 있는 사장님들이 많다. 하지만, 월 1천만 원 이상을 버는 사장님들도 적지 않다. 결국에는 어떤 사업이든 누가 어떻게 하는지에 따라서 달라지는 것이다.

📖 월 1,000만 원을 벌면 어떤 일이 생길까?

⑴ **관할 세무서로부터 '세금신고가 잘못된 것 같습니다'라는 연락을 받게 된다.**

매출이 적은 사장님들에게는 어렵지도 않고, 크게 문제가 되지 않을 수 있지만, 매월 1천만 원 이상 돈을 벌고 있는 사장님들에게는 가장 먼저 관할 세무서로부터 해외구매대행 매출 신고에 대한 소명하는 일이 자주 생긴다.

해외구매대행으로 세금신고하는 매출은 구매대행수수료인 '순매출'을 매출로 신고하게 된다. 하지만, 국세청이 온라인 판매 플랫폼으로부터 받는 매출자료[*]는 '총판매금액'이므로 사업자가 세금신고 시 신고한 매출 금액과 국세청이 집계하고 있는 매출 금액에 차이가 크게 발생하게 된다. 따라서, 관할 세무서에서는 그 차이에 대한 근거가 어떻게 되는지에 대해서 소명해 달라는 요구를 하게 된다.

미리 순매출에 대한 소명자료를 준비하고 관할 세무서에 해당 내용을 잘 설명할 수 있다면 당연히 문제없이 해결할 수 있다. 그러나 준비가 되어 있지 않은 사업자는 어느 날 세무서로부터 세금신고가 잘못되었으니 소명해달라는 연락을 받게 된다면 엄청난 압박감과 스트레스를 받을 수밖에 없다. 실제로, 혼자서 부가가치세 셀프 신고를 하신 사장님 중에서 세무서로부터 세금신고가 잘못된 것 같다고 연락받고 나서 나에게 연락을 주시는 분이 많다. 해외구매대행업만 열심히 하면 되는 줄 알았고, 사업을 잘하기에도 바쁜 사장님들께서 이러한 부분까지 스트레스를 받으며 너무 힘들어하시는 것을 보면서 조금만 미리 알고 해외구매대행업 세무전문가에게 세금신고를 맡겼더라면 마음도 편

---

[*] 네이버 스마트스토어나 쿠팡 등과 같이 온라인 판매 플랫폼은 법령에 따라 분기별 판매 대행 자료를 익월 15일까지 국세청으로 제출하고 있다.

하고 시간도 절약할 수 있지 않았을까 하며 안타까울 때가 많다.

⑵ 세금 부담이 급격하게 증가한다.

개인사업자의 경우 종합소득세 부담이 급격하게 증가한다. 개인사업자는 해외구매대행업으로 벌어들인 소득에 대해서 종합소득세를 부담하는데, 월 1,000만 원 이상 소득이 발생하는 개인사업자의 경우에는 특별하게 소득공제 항목이 많지 않다면 소득이 높아 35% 세율구간에 해당한다. 만약에 A 사업자가 월 1,000만 원 소득이 발생하여 1년에 벌어들인 종합소득금액이 1.2억 원이고 본인 기본공제 및 표준세액공제를 제외한 다른 소득공제 및 감면이 없다고 가정한다면 25,965,000원을 종합소득세로 납부해야 한다. 전년도에 비해서 갑작스럽게 매출이 많이 증가한 사업자의 경우 세금에 대한 준비 없이 전년도 세금보다 조금 더 내면 되겠지 하며 쉽게 생각하시다가 갑작스럽게 많은 세금을 내야 한다면 당황하지 않을 수 없다.

소득이 적을 때에는 과세 대상이 되는 소득도 적고 세율도 낮아서 세금 부담이 크지 않지만, 소득이 높아질수록 높은 세율을 적용받는 과세 대상이 소득도 더 증가하므로 부담해야 할 세금도 많아지게 되는 것이다. 따라서, 소득이 높아진 사업자는 이러한 부분에 대해서 미리 인지하고 세금신고 납부일 이전에 대비가 필요하다. 적격증빙을 수취하여 경비 처리는 빠짐없이 잘 되고 있는지 확인해야 하며, 내가 적용가능한 세액감면이나 공제는 없는지 알아보아야 한다. 열심히 일해서 소득이 높아진 부분에 대해서 정확한 세금을 낸다면 억울함이 없겠지만, 제대로 세금에 대해서 대비하지 않고 사업을 하여 세법이 정한 범위에서 더 줄일 수 있거나, 부담하지 않아도 될 세금까지 부담해야 한다면 억울한 일이 아닐 수 없다.

🖱 세금을 모르면 결국에는 답이 없다

다른 사업도 마찬가지지만 해외구매대행업은 더욱더 세금신고와 소명자료에 대해서 반드시 잘 알아야 한다. 본인이 잘 알지 못한다면, 옆에서 잘 챙겨줄 해외구매대행업 세무전문가라도 알고 있어야 세금을 절세할 수도 있으며, 어느 날 세무서로부터 매출 차이에 대해서 소명해달라는 연락을 받아도 당황하지 않고 문제없이 처리할 수 있다.

해외구매대행업으로 월 1천만 원을 벌기는 당연히 가능하다. 하지만 해외구매대행업을 하면서 이 사업에 대한 세금에 대해서 모른다면 월 1천만 원을 벌기란 쉬운 일이 아니게 된다. 세금을 잘 몰라서 부담하지 않아도 되거나 더 줄일 수 있는 세금을 부담하게 될 수도 있으며 세금신고에 대한 세무서의 소명 연락으로 엄청난 스트레스를 받을 수밖에 없다. 사업을 하루 이틀하고서 하지 않을 것도 아니고 계속해서 해나가야 하는데 매번 세금신고할 때마다 이런 스트레스를 받는다면 그것만큼 고역이 아닐 수 없다. 해외구매대행업을 시작하였거나 해외구매대행업으로 돈을 많이 벌고 싶다면 세금에 대해 보다 신경을 쓰고 소명자료를 미리 챙겨두고 항상 대비하자.

4

똑같이 벌었지만
나만 세금이 많은 이유

매번 세금신고 기간에 세금신고를 도와드리면 '다른 사업자는 나와 비슷하게 벌었는데, 세금이 훨씬 적게 나왔다며 세금신고가 제대로 된 것이 맞는지' 내게 물어보시는 경우가 있다. 이를 이해하기 위해서는 세금의 기본 구조와 세액감면 공제제도 등을 종합적으로 이해하고 있어야 한다.

🖱 종합소득세 누진세 구조의 이해

해외구매대행업을 사업자분들의 세금신고를 해보면 대부분은 개인사업자다. 개인사업자라면 매년 5월 작년에 발생한 종합소득에 대해서 종합소득세를 신고, 납부해야 한다. 종합소득세는 3장에서 자세히 설명하겠지만, 개인이 벌어들인 이자소득, 배당소득, 사업소득, 근로소득, 연금소득, 기타소득을 모두 합한 종합소득에 대해서 세율을 곱하여 납부하는 세금을 말한다. 종합소득세는 누진세율구조로 되어 있는데, 누진세는 소득금액이 커질수록 더 높은 세율을 적용하도록 정한 세금을 말한다. 따라서, 같은 사업소득을 벌었다 하더라도 다른 종합소득 합산금액이 있다면 높은 세율 구간에 해당하여 더 많은 세금을 낼 수 있는 것이다.

실제로 세금신고를 해보면 직장을 다니면서 해외구매대행업을 부업으로 하시는 사업자분들을 자주 보게 된다. 특히나, 고소득 직장인이신 분들도 적지 않다. 앞서 설명한 바와 같이 종합소득세는 종합소득금액을 모두 합산하여 세금을 매기므로 직장에서 발생한 근로소득과 해외구매대행업에서 발생한 사업소득은 종합소득세 계산 시 합산되어 세금을 계산하게 된다. 따라서, 기존의 근로소득이 높아서 세율 구간이 높은 분들의 경우에는 추가로 해외구매대행업으로 벌어들인 소득 역시 높은 세율 구간에 적용받게 되어 납부세액도 많아지게 되는 것이다. 예를 들어, 근로소득이 높아서 과세표준이 8,800만 원을 초과하는 A 사업자는 종합소득세 세율을 35% 적용받는데, 해외구매대행으로 1,000만 원을 추가로 벌게 되면 1,000만 원에 대해서도 35% 세율을 적용받아 350만 원의 세금을 부담해야 한다. 반면, B 사업자는 다른 소득 없이 해외구매대행으로 1,000만 원을 벌었다면 6% 세율 구간에 해당하여 60만 원만 종합소득세로 부담하게 되는 것이다. 두 사업자 모두 해외구매대행업으로 1,000만 원을 벌었지만, 다른 소득의 유무에 따라서 부담해야 할 세금도 달라질 수 있는 것이다. 마찬가지 이유로 다른 사업장에서 벌어들인 사업소득이 있다면 해외구매대행에서 벌어들인 사업소득과도 합산이 된다. 이러한 경우에도 타 사업장의 사업소득으로 인하여 높은 세율이 적용된다면 해외구매대행에서 벌어들인 사업소득 역시 높은 구간의 세율이 적용되어 납부하게 될 세금도 많아지게 된다.

📖 사업소득이 같아도 사업자마다 세금이 달라질 수 있다

그렇다면, 해외구매대행에서 발생한 사업소득이 같은데도 불구하고 납부할 세금이 사업자마다 달라지는 경우는 어떤 경우일까? 그 이유는 사업자마다 소득공제, 세액공제, 감면 등 적용하는 게 모두 다르기 때문이다. 소득공제란 종합소득에서 해당 금액만큼을 소득에서 제외해주는 것을 말한다. 소득공제로 소득금액에서 제외가 되면 그만큼 과세 대상 금액에서 제외되므로 세금이 줄어들게 된다. 대표적인 소득공제 중 하나인 인적공제는 본인, 배우자, 부양가족 중 소득요건 등을 고려하여 요건에 해당될 경우 1인당 150만 원씩 공제하는 기본공제와 장애인 등 추가요건에 해당될 경우 추가로 공제해 주는 것을 말한다. 인적공제 대상이 되는 배우자, 부양가족은 사업자마다 다르므로 배우자나 부양가족 수에 따라서 몇백만 원에서, 많게는 천만 원 이상도 소득공제 금액이 차이가 날 수 있는 것이다. 그 외에도 소기업,소상공인 공제, 벤처투자조합출자 등에 따라서도 사업자별로 차이가 발생할 수 있다.

세액감면과 세액공제에 따라서도 사업자별로 세금 차이가 발생할 수도 있다. 세액감면과 세액공제 모두 방법은 다르지만 내야 되는 세금을 줄여주는 제도를 말한다. 대표적인 세액감면과 세액공제로 창업중소기업세액감면(이하, 창업감면)과 고용증대세액공제가 있다. 창업감면은 요건이 해당될 경우 개인사업자라면 종합소득세를 법인사업자라면 법인세를 소득이 발생한 해를 포함해 5년간 감면해주는 제도를 말한다. 창업감면의 적용 여부에 따라 50%~100% 세금을 감면할 수 있다. 예를 들어, 납부세액이 1천만 원 발생하였다고 할 때 창업감면에 해당되는 A 사업자는 납부세액이 아예 없을 수도 있는 반면에 창업감면을 적용받지 못하는 B 사업자의 경우에는 1천만 원의 납부세액이 있을 수 있다.

고용증대세액공제 역시 적용 여부에 따라 같은 소득을 벌었다고 하더라도 세금 차이가 크게 날 수 있다. 고용증대세액공제란 쉽게 설명해서 채용을 1명 하는 경우 1인당 최대 1,550만 원만큼 세금을 줄여주는 제도다. 특히 청년, 장애인, 60세 이상, 경력단절여성 등을 채용하는 경우 세액공제를 해주는 금액이 가장 크다. 이러한 고용이 있는 사업장과 그렇지 않은 사업장은 세액공제 때문에 같은 소득을 벌었다고 하더라도 세금 차이는 생길 수밖에 없다.

이처럼 같은 사업소득이 발생하였다고 하더라도 사업자별로 적용되는 소득공제, 세액공제, 감면이 다르므로 납부할 세금은 완전하게 달라질 수 있는 것이다.

📖 본인에게 맞는 절세 코칭을 받자

매년 세금신고 기간이면 해외구매대행 사업자로부터 "해외구매대행으로 월 1천만 원 벌면 세금이 얼마나 나올까요?"라는 질문을 받는다. 시원하게 "딱 이 금액이 나옵니다"라고 말하기란 참 어렵다. 왜냐하면 앞서 살펴본 것과 같이 같은 금액을 벌었다고 하더라도 사업자별 상황에 따라 세금은 다르게 나올 수 있기 때문이다.

가장 중요한 것은 어떤 감면, 공제 등이 나에게 적용되는지 알고 이를 유리하게 적용하는 것이다. 본인에게 적용할 수 있는 부분이 있음에도 불구하고 세금신고 시 이 부분을 누락하고 지나친다면 불필요하게 세금을 더 납부할 수밖에 없다. 2022년도 종합소득세 신고 시에도 종합소득세 신고를 의뢰해 주신 한 사업자를 검토하다가 창업감면에 해당한다는 것을 검토하여 이를 적용해 드린 적이 있다. 이 사업자의 경우에는 창업감면을 받지 않았다면 대략 400만 원 정도의 세금을 납부해야 하였으나 50%의 창업감면에 해당하여 절반만 세금으로 납부하였다. 만약에 이러한 부분을 잘 모르고 지나쳤더라면 더 많은 돈을 세금으로 납부하였을 것이다.

이처럼 세금은 세법이 정한 범위에서 활용할 수 있는 부분이 많다. 가장 중요한 것은 세금의 구조에 대해서 이해하고, 더 나아가 내가 어떤 절세 항목에 해당이 되는지 알고 이를 잘 활용하는 것이다. 이러한 부분에 대해서 세무전문가로부터 코칭을 받은 사업자와 그렇지 않은 사업자는 똑같이 벌었지만, 세금이 달라질 수밖에 없다.

나는 그동안 내가 신고납부한 세금이 정확하다고 믿고 있었다

요즘은 정보의 홍수라는 말도 부족할 만큼 정말 많은 정보가 넘쳐나고 있다. 세금신고와 관련된 정보도 그렇다. 제대로 된 정보도 있지만, 잘못된 정보 역시 넘쳐나고 있는 것이 사실이다. 하지만, 해외구매대행업을 하시는 사장님들 대부분 나이가 젊고, 인터넷에 익숙하다 보니 생각보다 많은 사업자가 전문가의 도움 없이 '셀프 세금신고'를 하고 있다. 그런데 과연 제대로 세금신고를 하는 걸까?

📑 해외구매대행업에서 가장 많이 실수하는 '매출' 신고

해외구매대행업은 부가가치세 신고 시 총판매금액(총매출)이 아닌, 해외구매대행수수료인 순매출을 매출로 신고해야 한다. 해외구매대행 사업자는 해외에 있는 물건을 고객 대신 구매해주고, 그 대가로 구매대행에 대한 수수료를 받는 사업자이기 때문이다. 하지만, 셀프 세금신고를 몇 번 하고 나에게 세금신고 대리를 맡기러 오신 사장님들의 이전 세금신고 내용을 살펴보면 총판매금액으로 신고하신 경우가 많다. 해외구매대행업 오프라인 강의를 가서도 매번 강의마다 총판매금액으로 잘못 신고하고 계시는 사업자를 만난다. 오프라인에서 내 강의를 듣고서 쉬는 시간에 후다닥 나에게 뛰어와서 "강의를 듣기 전까지는 몰랐는데 회계사님 강의를 듣고 보니 지금까지 총판매금액으로 잘못된 셀프 세금신고를 하고 있었습니다. 어떻게 해야 하나요?"라며 걱정하면서 바로잡을 방법을 나에게 문의하기도 한다.

해외구매대행업을 시작한 지 얼마 되지 않았거나 제대로 하지 않아 매출이 많지 않은 사장님들은 크게 문제가 되지 않을 수 있지만, 매출이 성장하고 있거나 앞으로 더 매출이 증가할 것으로 예상되는 경우 잘못된 매출 신고는 큰 문제가 될 수 있다.

그렇다면 매출을 총판매금액(총매출)으로 신고하면 어떤 문제가 발생하게 될까?

첫째, 총매출로 해외구매대행업 매출을 신고하면 순매출로 신고했을 때보다 부가가치세를 불필요하게 많이 납부하게 된다. 특히, 해외구매대행업은 해외에서 사용한 카드매입에 대해서 순매출 계산 시 총매출에서 차감해 주어야 하는데, 그렇지 못한 경우 해외에서 매입한 금액에 대해서는 매입세액 공제를 받을 수도 없다. 예를 들어, 총판매금액이 100원 물품매입액이 90원인 거래가 있다고 생각해보자. 해외구매대행 사업자의 경우에는 총판매금액에서 물품매입액을 차감한 10원을 매출로 부가가치세 신고를 해야 한다. 일반과세자라고 한다면 순매출액 10원의 10%인 1원을 부가가치세로 납부해야 한다. 여기서 총판매금액인 100원을 부가가치세 매출로 신고하면 어떻게 될까? 100원에 10%인 10원을 부가가치세로 납부하게 된다. 이 거래만 본다면 총판매금액으로 신고하면 해외구매대행 순매출로 세금을 신고하는 것보다 부가가치세 납부세액을 10배 더 납부하게 된다. 또한, 이 거래에서 나의 순마진은 100원에서 90원을 차감한 10원인데 이 금액 전체를 부가가치세로 납부하게 되어 남는 금액도 없다. 이처럼 세금신고 시 매출 신고를 총매출로 잘못하게 되면 부담하지 않아도 될 세금까지 납부될 수도 있다.

둘째, 개인이라면 종합소득세, 법인이라면 법인세를 많이 납부하게 된다. 부가가치세 신고 시 총매출을 기준으로 매출을 높게 신고했기 때문에, 실제 벌어들인 순소득보다 많은 소득을 기준으로 세금을 납부하게 되어 종합소득세와 법인세 부담이 높아진다.

셋째, 간이과세자에서 배제될 수 있다. 해외구매대행업을 하시는 분들은 대부분 개인사업자이면서 부가가치세법상 간이과세자다. 부가가치세 간이과세자의 경우 일반과세자보다 부가가치세 부담이 훨씬 적다는 장점이 있다. 따라서, 간이과세자를 계속해서 유지하는 것이 유리한데, 잘못된 세금신고로 인해서 전년도 매출을 8천만 원 이상으로 신고하게 되면 간이과세자에서 일반과세자로 과세유형이 전환된다. 잘못된 신고로 부가가치세 부담이 훨씬 커지게 되는 것이다.

📝 지금은 괜찮지만, 앞으로는 안 괜찮은 잘못된 세액감면 적용

종합소득세 신고를 할 때도 정말 주의해야 하는 것이 있는데, 바로 창업중소기업 세액감면제도(이하, 창업감면)이다. 창업감면은 요건에 따라 50%에서 최대 100%까지 납부할 세금을 감면해 주는 제도로 세금 관점에서 본다면 엄청나게 파워풀한 제도이다. 특히, 해외구매대행을 하시는 사업자분들이 청년에 해당되는 경우가 많아서 이 감면제도에 대해서도 많이 들어보시고 실제로 세금신고 시에 창업감면을 적용해달라고 말씀을 주신다.

요건을 검토하여 해당이 된다면 세금신고할 때 적용해서 당연히 세금을 절세해야 한다. 하지만, 문제는 임의로 판단하여 해당이 안되는데 감면받거나, 감면율을 잘못 적용하는 경우다. 이 경우 지금은 괜찮지만, 나중에는 크게 문제가 될 수 있다.

종합소득세와 법인세는 자진 신고납부제도로 운영되고 있다. 따라서, 세금신고 시 감면을 반영할지는 세금을 신고하는 자가 감면을 반영하면 그대로 감면이 적용되게 된다. 하지만, 이후 관할 세무서에서 검토하여 문제가 있는 경우에는 지난 5개년 동안의 임의로 감면받은 세금을 토해내야 하는 것은 물론이고 가산세 폭탄을 한꺼번에 맞을 수 있다.

창업감면이 해당이 되는지를 사장님께 확인해보면 '저는 최초창업이고 무조건 창업감면 대상'이라고 주장을 하는 경우가 많다. 그러나, 막상 직접 검토해보면 생각보다 세법상 최초창업에 해당하지 않아서 감면이 배제되는 경우가 많다. 따라서, 무조건 창업감면을 적용하는 것은 지금은 괜찮을지 모르지만, 몇 년 뒤에 엄청난 리스크가 동반될 수 있는 부분이므로 감면을 적용할 수 있는지는 세무전문가에게 반드시 검토를 의뢰하는 것이 중요하다.

약은 약사에게 세금은 회계사, 세무사에게

수천 건의 해외구매대행 세금신고를 해보면서 알게 된 사실은, 해외구매대행으로 돈을 많이 벌고 있는 사장님들이 나에게 세금신고를 맡기고 별다른 질문이나 납부세액에 대해서 크게 의문을 품지 않는다는 점이다. 오히려, 매출이 얼마 없거나 세금이 얼마 나오지 않은 사장님들 중에서 궁금한 점에 대해서 이런저런 질문이 많았다. 왜 그럴까 궁금했는데, 최근에 해외구매대행으로 돈을 많이 벌고 있는 사장님을 만나 왜 그런지 물어보면서 그 이유를 알게 되었다. 해외구매대행으로 돈을 많이 벌고 있는 사장님께서 하신 말씀은, 잘 알지도 못하는 세금과 관련해서 셀프 신고를 하기 위해서 공부하는 시간에 해외구매대행에 좀 더 시간 투자를 해서 더 많은 돈을 벌 수 있는데, 굳이 왜 시간 낭비를 하냐는 것이다. 그리고 절세나 세금에 대해서는 전문가인 내가 알아서 잘해줄 거라는 믿음도 있다고 했다. 맞는 말씀이다. 매출이 작은 사업자의 경우에는 이와 반대로 생각하는 경우가 많은 것 같다. 매출이 작으므로 기장료를 조금이라도 아끼려고 하거나 셀프로 세금을 신고하여 신고 대리수수료를 아껴보기 위해서 부지런히 인터넷에서 정보를 모으고 공부한다. 특히, 기장을 맡기거나 세금신고 대리를 맡기는데 큰 금액이 드는 것도 아니지만, 이 금액에 대해서 매우 아까워한다. 결국에는 나중에 문제가 되어서 세무전문가에게 오게 되면 세금은 가산세까지 붙어서 세금대로 더 지출하게 되고, 신고 대리수수료는 수수료대로 더 납부해야 하는데도 불구하고 근시안적으로 소탐대실하는 경우가 많아 안타깝다. 아프면 병원에 가면 되고, 세금 관련 문제가 있으면 해당 분야를 잘 아는 회계사나 세무사를 찾아서 가면 된다. 아주 간단한 지름길이 눈앞에 있는데, 굳이 시간 내서 이런저런 정보를 찾아보고 돈을 낭비하고 돌아서 갈 필요가 있을까?

6

해외구매대행 세금 전문가는 왜 잘 없을까?

📖 해외구매대행의 프로세스

해외구매대행의 세금과 세무에 대해서 잘 알기 위해서는, 해외구매대행의 프로세스에 대해서 완벽하게 이해해야 한다. 왜냐하면 해외구매대행의 프로세스에 대해서 이해하고 있어야 해외구매대행으로 벌어들인 소득인 '해외구매대행수수료' 즉, 순매출을 정확하게 산출할 수 있기 때문이다.

해외구매대행의 전반적인 프로세스를 설명하자면, 가장 먼저 소비자가 해외구매대행 사업자가 입점해 있는 쿠팡, 스마트스토어 등 온라인 오픈마켓에서 물건을 결제한다. 결제가 이루어지고 나면, 해외구매대행사업자가 고객으로부터 주문받은 내용을 바탕으로 알리바바, 타오바오 등 해외쇼핑몰에서 물품을 매입한다. 매입한 물건은 해외 현지에서 국내로 배송을 대행해주는 배송대행업체로 보내고 무게나 부피에 따라 배송대행지 수수료를 결제하게 된다. 이후, 국내로 물건이 들어오면 통관절차를 진행한다. 통관이 완료되고 나면 국내 택배사를 통해서 소비자에게 물건이 배송된다. 국내 통관 시 통관 물품의 가액에 따라 관세 및 부가가치세가 발생할 수도 있고 없을 수도 있으며, 국내 배송 시에도 부피가 크거나 무게가 큰 물건의 경우 경동택배비와 같이 별도의 택배비가 발생할 수도 있다.[*]

설명한 내용을 간단하게 도식화하면 아래와 같다.

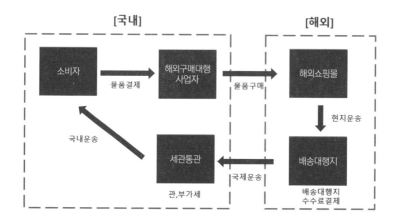

앞의 그림에서 소비자가 배송대행사업자를 통해서 물건을 구매하

---

[*] 해외구대매행 사업자는 물건을 대신 구매해주는 것이므로 관부가세 및 경동택배비가 발생하는 경우 납부의 주체는 원칙적으로 소비자(고객)에게 있다. 다만, 고객을 대신하여 사업자가 납부를 하는 경우 해외구매대행매출인 순매출을 산정할 때 차감해 준다.

는 과정에서 나오는 자금의 흐름을 나열해보면 물품결제금액, 해외물품매입금액, 배송대행지수수료, 관부가세 및 국내 택배비다. 여기서 해외구매대행의 매출은 물품결제금액인 총판매금액에서 해외물품매입금액과 배송대행지수수료를 차감한 금액이 된다. 만약, 관부가세와 국내택배비를 고객 대신 대납한 금액이 있다면 이 금액을 차감해서 해외구매대행업 매출을 구하면 된다.[*]

그뿐만 아니라 해외구매대행업 매출을 산정하고 세금을 신고하는데 있어 여러 가지 이슈들이 많이 발생한다. '해외물품매입 금액을 산정할 때 어떤 환율을 적용하여 산정할 것인지?', '관부가세 및 경동택배비 대납액은 어떻게 처리할 것인지?', '매출의 인식 시기는 온라인 스토어의 대금정산일로 할 것인지, 아니면 주문일 또는 구매확정일로 할 것인지' 등 세금신고 시 고려해야 할 점이 너무나 많다.

따라서, 해외구매대행업의 순매출을 어떻게 구하는지 알고 해외구매대행업 세금신고를 정확하게 하기 위해서는 해외구매대행업의 프로세스에 대한 이해가 꼭 필요하다.

🔖 해외구매대행 세금 전문가가 드문 이유

⑴ 새롭게 등장한 사업모델

해외구매대행 세금전문가가 드문 이유 중에 다른 하나는 새로운 업

---

[*] 이 책에서는 매출을 정확하게 구분하기 위하여 해외구매대행업에서 발생한 총판매금액을 총매출로 총판매금액(총매출)에서 해외물품매입액과 배송대행지수수료, 관부가세 및 택배비 대납액을 차감한 금액을 해외구매대행업 순매출로 표현하였음.

좋기 때문이다. 이전부터 해외구매대행업은 있었지만, 도소매업, 음식점업과 비교한다면 해외구매대행업의 역사는 그렇게 오래되지 않았다. 사업자등록을 할 때 입력하는 해외구매대행업 업종코드인 '525105'만 보아도 2020년도에 신설이 되었다.[*] 그 이전에는 해외구매대행업에 대한 업종코드도 없었다. 해외구매대행업은 새로운 업종이기 때문에 그 거래 전반에 대한 이해와 공부가 선행되어야 하는데, 이는 생각보다 시간이 많이 들고 번거로운 일이다. 특히나, 회계사무소에서 세무 기장 대리를 하는 기존의 업종과는 거래형태나 세금신고 방법도 다르다. 따라서, 평소에도 다른 일도 바쁜 회계사나 세무사가 해외구매대행업 1개를 수임하기 위해서 추가적인 시간과 노력을 들여서 공부하기란 쉬운 일은 아니다. 특히나, 기존에 사업체를 어느 정도 확보한 회계사나 세무사의 경우에는 더욱더 해외구매대행업 업체 수임을 위해서 추가적인 노력을 들이려고 하지 않는 편이다.

⑵ 손이 많이 가는 해외구매대행업

회계사무소 입장에서 동일한 기장료를 받으면서 손이 많이 가는 업체가 있고, 손이 적게 가는 업체가 있다면 어떤 업체를 선택할까? 당연히, 손이 적게 가는 업체를 더 선호하게 될 것이다. 왜냐하면, 투입시간이 많이 들면 들수록 다른 업체를 기장할 수 있는 시간이 줄어들기 때

---

[*] 해외구매대행업 업종코드상 정확한 명칭은 '해외직구대행업'이다. 실무적으로 해외직구대행업보다 해외구매대행업을 많이 사용하기 때문에 해외구매대행업으로 기재하였다.

문에 다른 업체를 더 기장을 할 수 없어 손해를 보기 때문이다. 해외구매대행업은 다른 업체에 비해서 손이 많이 가는 편이다. 기본적으로 사업자분들도 세금에 대해서 잘 모르는 부분이 많다 보니 질문도 많은 편이고, 소명자료를 받는 등 다른 업종에서는 필요가 없는 일까지도 챙겨야 하기 때문이다. 회계사무소에서는 손이 많이 가는 부분을 얼마나 더 효율적으로 운용할 수 있는지에 대해 계속해서 연구하고 업데이트가 필요한데, 대부분의 회계사무소에서는 이러한 부분을 챙기기란 쉬운 일은 아니다.

⑶ 해외구매대행을 직접 해본 경험이 있는 세무전문가

해외구매대행업에 대한 세무전문가는 왜 별로 없을까? 해외구매대행업에 대해 세무전문가가 되기 위해서는 적든 많든 해외구매대행업을 직·간접적으로 해보고 그 프로세스를 완벽하게 이해해야 한다. 그러나, 회계사나 세무사와 같은 대부분의 세무전문가는 자격증을 취득하고 곧바로 회계, 세무와 직접적으로 관련된 전문 분야에 활동하기 때문에 직접 해외구매대행업을 해볼 일이 거의 없다.

나도 처음부터 해외구매대행업에 대해서 잘 알던 것은 아니었다. 회계사 시험에 합격한 후 딜로이트 안진회계법인에 다닐 때도 해외구매대행업에 대해서는 잘 알지 못했다. 오히려 회계법인을 퇴사 후 창업을 해보면서 해외구매대행을 직접 해볼 기회가 있었다.

한번은 네일아트샵을 운영하시는 원장님께서 네일아트샵에 오는 손님들의 손톱과 발톱을 케어할 때 편리한 미용베드를 구매 대행해줄 수 있는지 연락을 주셨다. 이전까지 한 번도 미용베드를 수입해본 경험은 없었지만, 해외에 있는 미용베드 업체에 직접 연락해서 견적을 받고, 물건을 해외구매 후 배송대행지에 보내서 국내로 통관해 배송했다. 하나부터 열까지 직접 해보면서 힘은 들었지만, 너무 감사하다고 말씀 주시는 네일아트샵 원장님 덕분에 뿌듯했던 경험이었다. 특히나, 해당 제품은 부피도 크고 설치가 필요한 물건이었는데, 원장님께서 설치까지 도와달라고 하셔서 태어나 처음으로 쇠지렛대(빠루)라는 물건도 구매해서 네일아트샵에 방문하여 나무로 된 포장 상자를 직접 해체하고 설치까지 해서 더 기억에 남는다.

이렇게 사업을 하면서 직접 해외구매대행을 해보다 보니 자연스럽게 해외구매대행업에 대한 이해가 될 수밖에 없었다. 거기에 해외구매대행업 사업 전반에 대한 프로세스에 대해 이해하고 회계사로서 세무에 전문성이 있다 보니 자연스럽게 해외구매대행을 하시는 사업자분들로부터 많은 질문을 받고 궁금증을 해소해 드리면서 해외구매대행 사업자분들의 부가가치세, 종합소득세, 법인세 신고도 많이 하게 되었다.

만약 지금도 내가 대형회계법인을 계속 다니고 있었더라면, 회계사이지만 해외구매대행에 대해서 자신 있게 설명할 수 있었을까? 아마도 그렇지 않았을 것이다. 결국은 해당 분야의 세무전문가가 되기 위해서는 그 분야에 대해 잘 알고 있으면서 관련 세무 업무를 많이 해보았는지가 중요하다.

📑 해외구매대행 세금에 대해 질문이 있습니다

해외구매대행을 전문적으로 상담하고 세금신고를 하다 보니 해외구매대행과 관련하여 '이렇게 지출하는 부분에 대해서 세무적인 문제는 없는지?', '이렇게 지출한 금액은 비용처리는 가능한 부분인지?', '이렇게 비용을 지출하면 어떻게 소명해야 하는지?' 등 해외구매대행 사업자로부터 다양한 질문을 많이 받는다.

실제로 질문 주시는 분 중에서는 현재 회계기장을 맡기고 있는 세무대리인이 있음에도 불구하고 카카오톡 채널을 통해서 직접 나에게 연락하여 물어보는 경우도 종종 있다. 처음에는 '어쩌다 한 번 있는 일이겠지' 하고 생각했는데, 생각보다 이런 경우가 종종 있는 걸 봐서는 아마 해외구매대행업에 대해 잘 모르는 곳에 세금신고를 맡기고 있는 경우가 생각보다 많은 것 같다.

해외에 있는 물건을 구매해서 국내로 들고 오는 일이다 보니, 해외구매대행업을 하다 보면 일반적인 도소매와 다르게 정말로 많은 궁금증이 생길 수밖에 없다. 따라서 기존의 다른 회계사무소에서 기장을 하다가 궁금증이 잘 해결되지 않아 여러 번 상담을 한 후 기장을 나에게 맡기시러 오는 경우가 있다. 그런 사업자의 장부를 받아보면, 장부가 방치가 되어 있었다는 느낌을 받을 때가 종종 있다. 비록 해외구매대행업이 손이 많이 가더라도 그대로 방치하지 않고 하나라도 더 챙겨주는 세무전문가를 찾아서 도움을 받아야 한다. 사업만 집중하기에도 너무나 바쁜데 해외구매대행 세금과 관련하여 늘 고민하고 걱정하느라 너무나 많은 에너지를 낭비하고 스트레스를 받고 있는 건 아닌지, 내가 매월 기장료를 내면서 맡기고 있는 곳에서 내 장부가 방치된 건 아닌지 한 번쯤은 고민해보아야 하지 않을까 싶다.

7

해외구매대행 세무전문가를
만나야 하는 이유

사업은 기본적으로 리스크를 동반한다. 사업에서 리스크는 여러 가지가 있겠지만 세금과 관련된 세무리스크 역시 중요하게 관리가 필요한 부분 중 하나다. 어떤 사업이든 매출이나 규모가 커질수록 세무리스크 역시 같이 커진다. 따라서, 매출이 커질 것으로 예상되거나 점점 커져가고 있다면 이러한 부분에 대해서 사전에 준비하여 문제를 예방하는 것이 중요하다.

소명대응 리스크를 줄이자

해외구매대행업을 하는 사업자라면 소명자료는 늘 따라다니는 존재다. 국세청에서 집계하는 매출과 사업자가 신고하는 매출은 항상 치이가 발생하기 때문에 이 부분에 대해서 관할 세무서에 자세히 설명하는 일은 피할 수가 없다. 매출이 커질수록 소명해야 하는 경우가 자주 발생하고 소명자료 준비도 더 복잡해질 수 있다. 따라서, 초기부터 소명자료를 정리하는 방법과 습관을 가지고 있는 것이 중요하다. 무엇보다도 문제가 생기지 않도록 해외구매대행업 세무전문가와 함께 이슈가 있는 부분은 미리 논의하여 준비하는 것이 중요하다. 나의 경우에는 전국에 있는 해외구매대행 사업자를 대상으로 세금신고를 하다 보니 전국에 있는 관할 세무서로부터 매출 차이에 대해 소명해달라는 연락을 전달받는다. 역삼세무서에서 연락이 오기도 하고 북대구세무서에서 연락받기도 한다. 직접 세금을 신고한 업체의 경우에는 소명자료 준비를 해외구매대행 사업자와 같이 준비해두었기 때문에 소명자료를 잘 제출하고 설명하기만 하면 문제없이 해결할 수 있다. 그러나, 셀프 신고를 하고 문제가 발생한 뒤에 나에게 연락이 올 때는 대응이 가능한 때도 있지만 세금신고 자체가 잘못되었으면 소명대응이 어려운 때도 있다. 소명이 제대로 되지 않을 때는 해외구매대행업 순매출이 아닌 총매출을 기준으로 부가가치세와 종합소득세 또는 법인세를 납부해야 하는 문제가 발생할 수 있다. 이 경우에는 내가 벌어들인 소득이 아닌 부분까지도 세금으로 부담해야 해서 벌어들인 돈보다 많은 돈을 세금으로 내는 등 여러 가지 불이익을 받을 수 있다.

이렇게 사업자께서 셀프 신고를 하고 문제가 생기게 되면 처음부터 이를 검토하고 소명자료를 요청하여 준비하는 데도 시간이 오래 걸린다. 따라서, 사업 초기 단계에서부터 사업이 확장될 것으로 예상되거나 전업으로 해외구매대행업을 하는 사업자라면 해외구매대행 세무전문가를 미리 알아두고 준비하여 소명대응 리스크를 줄이자.

📝 절세, 절세 그리고 또 절세

사업을 해서 돈을 많이 벌고 싶다면 매출을 늘리는 것만큼이나 세금을 절감하는 것은 사업자에게 매우 중요한 일이다. 세금의 절세를 위해서도 해외구매대행 세무전문가를 만나야 한다. 세법이 정한 범위 내에서 세금을 아낄 수 있는 각종 제도는 너무나도 많다. 이러한 제도를 일일이 사업자가 찾아서 해당이 되는지 알아보고 적용하기란 거의 불가능에 가깝다. 또한, 찾아내서 적용한다고 하더라도 해당이 되는지 요건에 대해 제대로 검토하지 않고 적용한다면 추후 감면을 받은 세액을 반납해야 할 뿐만 아니라 엄청난 가산세 폭탄도 맞을 수도 있다. 사업이 잘되어 매출이 더 커지면 커질수록 납부할 세금 역시 더 많아지게 된다. 반대로 절세를 할 수 있는 금액도 훨씬 더 커진다. 처음부터 절세에 대해서 알아보고 준비한 사업자와 그렇지 못한 사업자는 몇 년이 지나고 나면 같은 돈을 벌었다 해도 절세를 준비한 사업자가 그렇지 못한 사업자보다 더 많은 돈을 남기게 될 것이다. 매출 규모가 계속해서 커지거나 앞으로 나올 세금이 많아질 것으로 예상되면 하루라도 빨리 절세할 수 있는 세무전문가를 찾아가서 도움을 받아야 한다.

🖱 세법 개정 사항도 챙겨줄 수 있는가?

사업을 하면서 만나게 되는 세금은 법률에 기초하여 부과되는데, 세금과 관련된 법률의 종류는 매우 많다. 법인사업자라면 법인세법, 법인세법시행령 등이 있고, 개인사업자라면 소득세법, 소득세법시행령 등이 있다. 그 외에도 각종 감면, 공제 등을 다루고 있는 조세특례제한법도 있고, 부동산 등의 취득과 관련하여서는 지방세법 등도 있다. 세금에 대해서 파악하기 위해서는 관련된 세법의 종류가 많고 범위가 넓은 것도 문제지만 가장 큰 문제는 여러 가지 이유로 매년 세법이 개정된다는 것이다. 매년 세법이 개정되면 이전에는 없던 새로운 법률이 나오기도 하고 기존에 있던 법률이 없어지기도 한다. 또한, 기존의 법률에 있는 금액이나 비율, 조건 등이 변경되기도 한다.

2023년도에 해외구매대행업과 관련하여 세법이 변경된 사항은 해외구매대행업이 현금영수증 의무발행업종에 포함되었다는 것이다. 현금영수증 의무발행업종 사업자가 거래 건당 10만 원 이상 현금을 받고도 현금영수증을 발급하지 않은 경우 미발급금액의 20%에 해당하는 가산세가 부과된다. 또한, 미가맹 기간 동안 수입금액의 1%를 가산세로 납부해야 한다. 무엇보다도 현금영수증 가맹점

미가맹 시 가장 큰 문제점은 중소기업특별세액감면, 창업감면 등 세액감면을 적용받을 수 없다는 것이다. 당연히 창업감면 요건에만 해당하면 감면을 적용받을 수 있다고 생각하고 있었다면 오산이다. 감면배제가 될 수 있는 미세한 부분까지도 신경을 써야만 감면 등을 받을 수 있다. 그 외에도 추계로 종합소득세를 신고하는 경우 단순경비율이 배제된다. 쉽게 설명해서 현금영수증 가맹점으로 가입하지 않으면 세금을 더 낼 수밖에 없게 되었다.

사업에 집중하기도 바쁜 사업자가 매년 개정되는 세법 중 나의 사업에 맞는 부분을 찾아서 따로 공부하기란 어려울뿐더러 사업확장에 크게 도움도 되지 않는다. 굳이 시간을 내어서 알아보고 공부할 필요 없이 어떤 절세 항목이 나에게 적용이 되는지, 매년 개정되는 세법 중에서 나에게 새롭게 적용되는 항목은 없는지 잘 알고 있는 세무전문가를 만나면 모든 것이 해결된다. 해외구매대행업을 하고 있다면 이런 부분에서 계속해서 코칭을 해줄 수 있는 세무전문가를 알아두도록 하자.

8
회계사무소를 바꿨더니
세금을 돌려받았다

지금까지 신고하고 납부한 세금이 모두 맞다 생각했다. 그러나 몇 년 뒤에 갑자기 세무서로부터 가산세와 함께 추가로 납부해야 할 세금이 있다는 고지서를 보면서 그러한 생각은 아예 잘못되었다는 걸 알게 되었다. 도대체 어떻게 된 일일까?

📖 더 낸 세금은 돌려받고 덜 낸 세금은 최대한 빨리 내자

우리나라는 개인사업자가 부담하는 종합소득세나 법인사업자가 부담하는 법인세는 자진신고 납부를 하도록 하고 있다. 부가가치세의 신고 역시 마찬가지다. 국가에서 사업자별로 일일이 세금을 계산해서 부과하는 방식이 아니라, 사업자가 본인의 사업에서 발생한 소득을 산출하고 이렇게 사업을 했으니 세금을 이렇게 내겠다 하고 세금을 신고 납부를 하는 것이다. 만약 사업자가 신고 및 납부하고 나서 세금이 잘못 신고되었다는 사실을 알게 된 경우 어떻게 해야 할까?

세금신고를 하다 보면 각종 사유로 인하여 원래 내야 하는 세금보다 세금을 과다하게 신고하거나 원래 내야 하는 세금보다 세금을 과소로 신고하는 경우가 생긴다. 세금을 원래 내야 하는 세금보다 많이 냈으면 많이 낸 부분을 돌려받아야 하고, 원래 내야 하는 세금보다 세금을 작게 냈으면 작게 낸 세금만큼을 더 납부해야 한다. 많이 낸 세금을 돌려받는 제도를 경정청구라 하고 적게 낸 세금을 더 내도록 수정하는 것을 수정신고라 한다.

경정청구는 세법에서 정해둔 방법보다 더 많이 세금신고를 했거나 결손금액 또는 환급 세액을 적게 받았다면 활용할 수 있는 제도다. 법정 신고 기한이 경과 후 5년 이내에 정상적으로 신고한 세금에 대해서 경정청구를 통해서 돌려받을 수 있다. 가장 대표적인 경정청구의 사례는 조세특례제한법에 따른 세제 혜택을 누락하고 세금을 신고 납부한 경우다. 창업중소기업 등에 대한 세액감면(조세특례제한법 제6조), 고용을 증대시킨 기업에 대한 세액공제(조세특례제한법 제29조의7) 등을 누락하여 세제 혜택을 놓친 경우가 많다. 그 외에도 필요 경비로 인정받을 수 있는 매입세금계산서 등 지출 증빙을 제대로 반영하지 못한 경우나 인적공제가 반영되지 않았던 이유 등이 있다면 경정청구를 통해 세금 환급을 받을 수 있다.

수정신고는 경정청구와 반대로 신고자가 원래 신고해야 할 금액을 덜 신고했거나 결손금액 또는 환급 세액을 초과하여 신고하면 스스로 수정해 신고하는 제도다. 수정신고를 하게 되면 원래 신고해야 할 금액보다 더 적게 신고했기 때문에 추가로 납부해야 할 세액이 발생하게 된다. 예를 들어, 개인적인 경비, 업무와 무관한 비용 등을 경비로 넣어서 신고한 경우나 세액공제와 세액감면이 적용되지 않는데 잘못 판단하여 적용한 경우, 사후관리 요건에 따라 기존 세액공제 감면 세액을 다시 납부하는 경우 등이 발생하였을 때 수정신고를 하게 된다. 수정신고를 한 경우 자발적으로 수정하는 것이긴 하지만, 잘못 신고를 했으므로 가산세가 발생하는 불이익이 있다. 과소신고를 했다면 덜 낸 세금에 대해서 과소신고가산세가 발생하고, 초과환급을 받았다면 더 받았던 환급세액에 대해서 초과환급신고 가산세가 발생한다. 또한, 추가적으로 납부 지연에 따른 납부지연가산세와 환급불성실가산세가 발생하게 된다. 잘못된 부분을 발견하였다면 지체없이 바로잡는 것이 중요하다. 납부지연가산세와 환급불성실 가산세의 경우 경과일수에 따라 계속해서 발생하기 때문이다.[*] 또한, 신고기한 경과 후 수정신고가 빠를수록 가산세를 감면해주는데, 1개월 이내에 신고할 때는 90% 가산세 감면 혜택도 적용받을 수 있다. 잘못 신고된 것을 알고 있음에도

---

[*] 2022년 기준 국세기본법상 종합소득세와 법인세 과소신고 및 초과환급신고에 따른 가산세 세율은 10%이며(부정에 의하면 40%), 경과일수에 부과되는 납부지연 가산세 세율은 2.2/10,000로 연 이자율로 계산하면 8.03%다. 참고로, 납부지연에 따른 가산세율은 2019년 이전까지 10.95%, 2019년 이후 9.125%, 2022년 6월 이후부터 8.03%로 낮아지고 있다.

불구하고 '설마 괜찮겠지'하고 넘어가려고 한다면 몇 년 뒤에 가산세 폭탄과 함께 국세청으로부터 연락을 받을 수 있으니 잘못 신고된 내용을 알게 되면 바로 수정신고를 해야 한다.

[수정신고에 따른 과소신고가산세 감면]

기간	가산세 감면율
법정신고기한이 지난 후 1개월 이내	90%
법정신고기한이 지난 후 1개월 초과 3개월 이내	75%
법정신고기한이 지난 후 3개월 초과 6개월 이내	50%
법정신고기한이 지난 후 6개월 초과 1년 이내	30%
법정신고기한이 지난 후 1개월 초과 1년 6개월 이내	20%
법정신고기한이 지난 후 1년 6개월 초과 2년 이내	10%

🖱 세금을 돌려받는 것만큼이나 중요한 것

최근 들어서 지난 몇 년간의 더 납부한 세금을 돌려주겠다며, 경정청구를 영업하는 회사가 많아진 것 같다. 당연히 더 납부한 세금이 있다면 돌려받아야 한다. 돌려받는다고 해서 세무조사의 대상이 되거나 하지도 않으며, 이는 납세자로서 당연한 권리이기 때문이다. 그러나, 문제는 제대로 된 검토도 없이 경정청구를 하거나 사후관리에 대한 부분을 고려하지 않는 부분이다. 한번은 나에게 기장을 맡기시는 사장님 중에서 경정청구를 영업하는 업체로부터 고용증대로 인한 세금 환급이 가능하다는 연락을 받고서 나에게 전화를 주셨다. 분명히, 나에게 기장을 맡기고 있는 업체라면 세금신고할 때 세액감면이나 공제가 가능한 부분에 대해서 모두 검토하고 있는데 이상하다고 생각하여 내용을 살펴보니 특수관계자인 배우자를 직원으로 고용한 경우였다. 특수관계자를 고용해서 고용이 증가한 부분은 고용증대로 인한 세액공제를 받을 수 없다. 그러나 제대로 된 검토를 하지 않고 단순히 인원 증가만 본다면 당연히 고용으로 인한 세액공제가 가능하다고 잘못 판단할 수 있는 것이다. 경정청구를 신청하면, 관할 세무서에서 세금을 돌려주는 문제이므로 매우 신중하게 검토한다. 업체 사장님에게 이 건은 경정청구를 통해 세금 환급이 안 된다고 말씀드렸는데, 내가 검토하고 설명하기 전에 경정청구를 영업한 업체 말만 듣고서 경정청구를 넣었다가 세무서로부터 경정청구를 통해서 세액환급이 안 되는데 왜 경정청구를 넣었는지에 대해서 의심만 받고 세액은 환급되지 못하였다.

고용증대 세액공제의 경우에는 더 큰 문제는 사후관리 이슈가 있다. 고용증대세액공제를 받는 3개년도 동안 상시근로자 수를 유지해야 한다. 그렇지 못한 경우에는 기존에 고용증대로 인한 세액공제를 받은 금액을 감소한 인원에 상당한 금액만큼 다시 반환해야 한다. 예를 들어, 업종 특성상 입/퇴사가 잦은 업종도 있는데, 이 경우에는 고용증대가 된 해가 있어도 고용증대로 인한 세액공제를 받을 때 신중해야 한다. 그다음 해에 퇴사가 많은 경우 받은 세제 혜택을 모두 반환해야 할 수도 있기 때문이다. 경정청구를 하는 대부분의 업체는 이 부분에 대해서 알려주지 않는다. 왜냐하면, 돌려받은 세금에서 일정

비율만큼 수수료를 받으면 더 이상 관심이 없기 때문이다. 나중에 상시근로자수를 유지하지 못하여 세액공제 금액을 다시 반환 시에는 그 금액도 크기 때문에 사업상 부담이 될 수도 있다. 경정청구를 영업하는 업체는 이렇게 반환된 금액에 대해서 책임져 주지 않는다. 이처럼 세금을 돌려받는 것도 중요하지만, 제대로 된 검토를 해주는지, 세액공제 등을 받고 나서 사후관리까지 해주는지가 더 중요하다.

처음부터 잘하면 문제없다

실제로 기존에 다른 회계사무소에 맡기다가 나에게 기장을 맡기러 온 사업자라면 경정청구를 통해서 돌려받을 수 있는 세금이 있는지 검토해드리고 있다. 실제로 적게는 몇백만 원에서, 많게는 몇천만 원 이상 경정청구를 통해서 환급해드린 적도 있다. 경정청구를 통해서 돈을 돌려받으면 너무나 기분이 좋다며 감사하다는 말씀을 주시곤 하는데, 사실 생각해보면 처음부터 정확하게 신고했더라면 내지 않아도 될 세금이다. 세법은 매년 개정되고, 시장 상황에 따라서 창업이나 고용을 촉진하기 위한 각종 세제 혜택도 매년 새롭게 나오거나 기존의 제도가 업데이트되기도 한다. 세액감면이나 공제를 정확하게 반영하는 회계사무소도 있지만, 기존 사업자에게 적용되는 세제 혜택을 꼼꼼하게 챙기지 못한 회계사무소도 있다. 가장 중요한 건 이러한 업데이트 사항을 놓치지 않고 지속적으로 관리까지 해줄 수 있는 세무전문가를 옆에 두는 일이다.

2장

월 1,000만 원 버는
해외구매대행업 사장님들이
반드시 챙기는 것

해외구매대행 사업자,
꼭 이것부터 확인하고 사업을 하자

해외구매대행업은 재고에 대한 부담이 없는 사업이기 때문에, 부업이나 새롭게 사업을 진입하는 사장님들 상대적으로 쉽게 시작하는 사업 중 하나다. 또한, 온라인에서도 '해외구매대행업으로 매월 얼마를 벌 수 있다'든지 '해외구매대행업을 하면 무조건 돈이 된다'든지 등 자극적인 홍보성 글이나 영상들도 넘쳐난다. 어떤 사업이든 쉽게 시작해서 쉽게 돈을 벌 수 있다면 그것을 안 할 사람들이 누가 있을까? 해외구매대행업도 마찬가지다. 고민 없이 시작했더라도 계속해서 어떻게 하면 좀 더 돈을 벌지 고민하고 준비를 한 사람만이 돈을 벌 수 있다. 실제로 해외구매대행업으로 매월 1,000만 원 버는 해외구매대행업 사장님들은 어떤 것들을 준비하고 있을까?

📑 해외구매대행업의 요건

해외구매대행업을 이제 막 해보려는 예비 사장님뿐만 아니라 해외구매대행업을 이미 하는 사장님도 잘 모르는 편이지만, 사실 세법상 해외구매대행업으로 인정받기 위한 4가지 요건이 있다. 해외구매대행업으로 많은 수익을 버는 사장님이 되기 위해서는 이 요건에 대해서는 기본적으로 알고 있어야 한다. 해외구매대행업이 되기 위한 요건은 다음과 같다.

[해외구매대행업의 4가지 요건]

① 해외 물품이 국내 통관될 때 국내 구매자 명의로 통관되어 구매자에게 직배송될 것
② 국내에 창고 등의 보관장소가 없고, 별도로 재고를 보유하지 않을 것
③ 판매 사이트에 해외직구 대행임을 명시할 것
④ 주문 건별로 대행 수수료를 산출하고, 해당 산출근거 및 증빙을 보관할 것

국세청에서는 위의 4가지 요건을 모두 충족하는 경우 해외구매대행업으로 인정해 주고 있다. 이 요건에 따라 해외구매대행업의 매출 인식 및 세금 산정이 되므로 해외구매대행업의 요건을 알고 있는 것은 매우 중요하다.

먼저, 첫 번째 요건인 '해외 물품이 국내 통관될 때 국내 구매자 명의로 통관되어 구매자에게 직배송될 것'의 의미는 무엇일까? 해

외구매대행 사업자는 말 그대로 구매자를 대리하여 구매 후 구매자에게 전달해주는 역할을 하므로 통관의 주체는 구매자가 되어야 하며, 따라서 통관 시 발생하는 관세 및 부가세 역시 구매자가 부담해야 한다는 걸 의미한다. 실무적으로, 여러 가지 이유로 가끔 구매자 명의가 아닌 사업자 본인의 명의로 통관 후 판매하는 때도 있다. 하지만, 이 요건에 따르면 그 거래는 해외구매대행으로 볼 수 없다.

두 번째 요건인 '국내에 창고 등의 보관장소가 없고, 별도로 재고를 보유하지 않을 것'에 따르면, 해외구매대행업으로 보기 위해서는 사업자가 재고가 없어야 한다. 상식적으로 생각을 해보아도 해외구매대행업 자체가 고객을 대신해서 물건을 구매해주고 수수료를 받는 것이므로 당연히 재고를 보관해서는 안 된다. 가끔 반품이 일어난 제품을 부득이하게 해외구매대행 사업자가 보관하고 있다가 판매하는 경우가 있다. 이 역시도 해외구매대행 매출로 보기는 어려울 것이다.

세 번째 요건은 '판매 사이트에 해외직구 대행임을 명시할 것'인데, 이 요건은 각 온라인 오픈마켓에 표기하고 있으면 되므로 어려운 부분은 없다. 참고로, 온라인 오픈마켓 상세페이지에 해외직구 대행업임을 명시하는 것뿐만 아니라 통관 시 통관번호에 대한 안내, 별도 거래 시 현금영수증 및 세금계산서 발행이 필요한 경우 해외구매대행업 순매출에 대한 부분만 발급이 가능하다는 점 등을 같이 언급해주는 것이 좋다.

마지막 요건인 '주문 건별로 대행 수수료를 산출하고, 해당 산출 근거 및 증빙을 보관할 것'도 중요하다. 이 요건에 따르면 해외구매대행업의 매출은 총판매금액에서 각종 상품매입 및 배송대행지수수료 등을 차감한 금액이 된다. 또한, 해외구매대행업과 늘 함께 다니는 소명자료에 대한 보관도 필요함을 알 수 있다.

이처럼 이 4가지 요건을 모두 충족해야 해외구매대행업으로 볼 수 있다. 해외구매대행업으로 보는지 아닌지에 따라 매출을 어떻게 인식해야 하는지가 달라진다. 해외구매대행업으로 보지 않으면 전체판매금액인 총판매금액으로 매출을 인식해야 하고 해외구매대행업으로 본다면 해외구매대행에서 벌어들인 수수료금액인 순매출을 매출로 인식해야 한다. 이에 따라, 부가가치세 및 종합소득세, 법인세 모두에 영향을 미치기 때문에 이 요건을 모두 충족해서 해외구매대행업으로 인정받는 것은 세무적으로 대단히 중요하다.

📖 해외구매대행업은 현금영수증 의무발행업종이 되었습니다!

다음으로 해외구매대행 사업자라면 반드시 알고 있어야 하는 것은 해외구매대행업 관련 세법 개정 사항이다. 해외구매대행업은 세법이 개정됨에 따라 2023년 1월 1일부터 현금영수증 의무발행업종이 되었다. 따라서, 거래 건당 10만 원 이상 현금거래 시 소비자가 발급을 요청하지 않더라도 현금영수증을 발급해야 한다. 미발급 시에는 미발급 금액의 20%를 가산세로 내야 한다. 해외구매대행업은 현금영수증 의무발행업종이 되었기 때문에, 개인사업자라면 개업일이나 업종추가일 등으로부터 60일 이내에 현금영수증 가맹점에 가입해야 하며, 법인사업자라면 요건이 해당되는 일이 속하는 달의 말일부터 3월 내에 현금영수증 가맹점에 가입해야 한다.

현금영수증을 미발행하여 납부하는 가산세만큼 더 중요한 것은 현금영수증 가맹점에 미가맹하면 발생하는 제재 사항이다.

첫째, 미가맹기간 수입금액의 1%만큼 미가맹 가산세가 있다. 미발급 금액과 상관없이 미가맹기간에 벌어들인 수입금액의 1%를 가산세로 내야 한다.

둘째, 추계신고 시 단순경비율 배제다. 개인사업자의 경우 종합소득세 계산 시 장부 작성 방법과 추계에 의한 신고 방법이 있다. 장부 작성의 경우 말 그대로 벌어들인 소득과 지출한 비용 등을 구체적으로 나누어 장부를 작성 후 신고하는 방법을 말한다. 추계신고는 벌어들인 수입금액에서 실제 사용한 경비가 아니라 일정 경비율을 고려하여 세금을 신고하는 방법을 말한다. 비용을 해당 사업연도에 실제로 너무나 많이 사용하여 장부에 이러한 금액을 모두 반영하여 신고하면 당연히 장부 신고가 추계신고보다 더 유리할 때도 있다. 하지만, 일반적으로는 추계신고 시 세금이 적은 경우가 많다. 특히, 해외구매대행업의 경우에는 추계신고 시 적용하는 단순경비율이 높은 편이기 때문에 더욱더 단순경비율을 적용한 추계신고가 장부 신고에 비해 세금에 더 유리할 때가 많다. 예를 들어, 2022년도 귀속 종합소득세 신고 시 해외구매대행업의 단순경비율은 86%였다.[*] 이 뜻은 내가 얼마를 비용으로 사용했는지와 상관없이 벌어들인 수입금액의 86%만큼을 비용으로 인정해 주겠다는 의미로, 세금 관점에서 본다면 엄청나게 강력한 방식이다. 쉽게 이야기해서 해외구매대행업으로 벌어들인 수입금액이 100원이면 86원만큼을 증빙이나 기타 등 소명자료 제출 없이도 비용으로 봐주겠다는 의미다. 만약 이 경우에서 장부를 작성해서 세금을 신고한다면 86원 이상으로 비용을 실제로 사용하고 증빙이 있어야만 단순경비율을 적용한 경우보다 세금이 더 적게 나올 수 있게 된다. 실무적으로 수입금액의 86% 이상을 사업에 사용하는 경우는 많지는 않으므로, 단순경비율 방식이 세금 측면에서 본다면 상당히 유리하다는 것을 알 수 있다.[**] 현금영수증 가맹점에 가입하지 않으면 추계신고 시 이러한 단순경비율을 적용할 수 없게 된다. 따라서, 장부를 작성하거나 단순경비율이 아닌 기준경비율을 적용해야 하는데, 결국에는 세금을 더 많이 부담할 수도 있게 되는 것이다.

셋째, 창업중소기업세액감면(창업감면), 중소기업특별세액감면 등이 배제된다. 해외구매대행업을 하는 사장님들이 청년이면서 첫 창업인 경우가 많다. 그러다 보니 창업중소기업세액감면에 해당하

---

[*] 업종별 단순경비율은 한국표준산업분류를 반영하여 국세청에서 매년 발표하며, 매년 조금씩 변경될 수 있다.

[**] 현금영수증 가맹점에 가입하더라도 무조건 단순경비율을 적용할 수 있는 것은 아니다. 2022년도 귀속 종합소득세 계산 시에는 직전년도 수입금액이 6천만 원 미만인 경우에만 단순경비율을 적용할 수 있다.

여 100% 감면받을 수 있는 대상이 많은데, 현금영수증 가맹점에 가입하지 않으면 이 제도가 배제된다. 이번 2022년도 귀속 종합소득세를 신고하면서도 이런 경우가 있어서 너무 안타까운 적이 있었다. 특히나 다른 소득이 있어서 세율구간이 매우 높은 사장님이셔서 창업감면을 받을 수 있었다면 1천만 원 이상의 세금을 절감할 수 있었는데, 현금영수증 가맹점에 가입되어 있지 않아서 이를 적용하지 못하였다.

돈을 많이 버는 해외구매대행 사업자들의 공통점은 사소한 부분까지 잘 챙겨서 불필요하게 나가지 않아도 되는 세금을 잘 막는다는 것이다. 귀찮아서, 깜빡해서 등 다양한 이유로 아직도 현금영수증 가맹점에 가입이 안 돼 있을 수 있다. 해외구매대행업으로 돈을 많이 벌고 싶거나 올해 돈을 많이 벌고 있다면, 지금 당장 현금영수증 가맹점이 가입되어 있는지부터 홈택스에 들어가서 확인부터 해보자.

📑 월 1,000만 원 벌어서 세금으로 다 내고 끝낼 건가요?

매번 오프라인에서 해외구매대행업 강의할 때마다 해외구매대행업으로 월 1,000만 원 이상 벌고 싶어 하는 수많은 사업자를 만난다. 이런 사장님들과 이야기를 나눠보면 해외구매대행업에 정말로 열정적으로 마음을 다하는 모습에 감동할 때가 있다. 그러나, 정작 해외구매대행업에 대해서 열심히 하는 만큼이나 세무적인 부분에 대해서는 지식이나 준비가 전혀 없다고 느껴질 때가 많다. 실제로 세무적인 문제 때문에 하는 사업이 정말 싫어질 정도로 고통받고 있는 사업자도 많이 보았다. 해외구매대행업으로 월 1,000만 원 벌기는 쉽지는 않지만, 무조건 가능하다. 실제로 그렇게 버는 사장님들을 여럿 보았고, 지금 월 1,000만 원 이상 버시면서 나에게 기장을 맡기고 계시는 사장님도 계신다. 하지만, 열심히 월 1,000만 원 벌어서 세금으로 다 낸다면 무슨 소용이 있겠는가? 1년 동안 열심히 해서 세금으로 다 낸다면 그것만큼이나 허탈한 일은 없을 것이다. 월 1,000만 원을 벌겠다는 목표가 생겼거나 월 1,000만 원을 버는 단계로 가고 있는 사업자라면 반드시 현금영수증 가맹점 가입 등과 같이 기본적인 것부터 빠짐없이 준비하자.

사업을 하면 수익이 발생하고 이러한 수익에 대응하여 여러 가지 비용이 발생한다. 그 비용 중에서 가장 큰 비중을 차지하는 금액 중 하나를 뽑으라면 바로 '인건비'다. 해외구매대행업의 경우 처음에는 혼자서 시작하는 경우가 많다. 그러나, 매출 규모가 커지면 커질수록 혼자서 모든 일을 하기란 쉽지 않다. 어느 시점이 되면 4대 보험 가입이 필요한 정직원이나 아르바이트, 프리랜서 등을 채용해서 사업을 해야 하는데, 이때 지급하는 '인건비'는 지급 후 인건비 신고를 통해서 비용으로 인정받을 수 있다. 인건비를 지급하였는데, 인건비를 비용으로 인정받지 못한다면 어떻게 될까? 예를 들어, 개인사업자인 A 사업자가 인건비로 1년에 5,000만 원을 지급했다고

가정해보자. 5,000만 원을 지급했음에도 비용으로 인정받지 못한다면, 이 금액에 대해서 세금을 줄일 수 없게 된다. 개인사업자인 A 사업자가 세율 구간이 35% 구간에 해당한다면, 1,750만 원(5,000만 원×35%)만큼 세금을 줄이지 못한 것이 되는 것이다. 이처럼 인건비 신고는 절세를 생각한다면 무엇보다도 놓쳐서는 안 되는 중요한 것 중 하나다. 매출이 커지면 커질수록 꼭 놓쳐서는 안 되는 인건비 신고는 무엇이고, 이와 관련하여 도움받을 수 있는 팁은 없을까?

🖐 직원에게 돈을 주기만 하면 비용으로 인정되는 걸까?

직원을 고용해서 인건비를 이체하고 인건비 신고를 하면 사업자의 지출로 경비인정을 받을 수 있다. 이때 중요한 것은 '인건비 신고'를 해야 한다는 것이다. 인건비 신고란 급여지급일의 다음 달 10일까지 원천세 신고를 하는 것을 말한다. 급여와 관련하여 원천세 신고는 급여 지급 금액 중 사업자가 원천징수하는 소득세와 지방소득세 금액을 관할 세무서에 신고하는 것을 말한다. 인건비 신고 대상인 소득이 근로소득이라면 간이세액표에 따라 급여 금액, 부양가족 수 등을 고려하여 원천징수할 근로소득세 금액과 그 금액의 10%를 지방소득세로 원천징수한다. 만약, 인건비 신고 대상이 프리랜서와 같이 사업소득 대상자라면 급여 지급액의 3.3%를 원천징수로 공제하게 되는데, 3%는 소득세이고, 0.3%는 지방소득세가 되게 된다.

그렇다면, 인건비를 신고하지 않고 지급만 하면 비용으로 인정받을 수 있을까? 인건비 신고를 하지 않더라도 계좌이체 내역이 있거나 근로자에게 현금 수령증을 받았고 실제 인건비를 지급하였다는 것을 입증할 수 있다면 비용으로 인정받을 수도 있다. 그러나, 지급명세서 제출 불성실 가산세, 원천징수 납부 등 불성실 가산세 등 제때 누락 없이 신고하였다면 부담하지 않아도 될 가산세가 부과될 수 있고, 4대보험 가입 대상자지만 가입하지 않은 경우라면 추후 몇 년 치 보험료를 한꺼번에 추징당할 수 있다. 따라서, 인건비는 제시간에 빠짐없이 정확하게 신고하는 것이 중요하다.

해외구매대행업으로 월 1,000만 원 이상 버는 사장님들 대부분은 아르바이트 직원을 몇 명 채용하여 일을 하는 경우가 많다. 상품을 등록해주는 아르바이트 직원을 채용하거나, 고객 응대(CS)를 담당하는 직원을 쓰기도 한다. 실질적인 근무 형태에 따라 4대보험에 가입하는 정직원이 될 수도 있고, 프리랜서 형태가 될 수 있지만, 근로 형태와 상관없이 인건비 신고를 해야 한다는 사실은 다를 게 없다. 실제로 해외구매대행업으로 월 1,000만 원 이상 버는 사장님들은 회계사무실에 기장을 맡기는 경우가 대부분이라 인건비 신고를 빠짐없이 잘하고 계신다.

🖱 인건비 관련 각종 지원사업

돈을 잘 버는 사장님일수록 오히려 지원사업에도 더 관심이 많고 도움을 많이 받는다. 2023년 현재 인건비와 관련하여 각종 지원

사업은 무엇이 있을까?

(1) 4대보험 지원사업

인건비 신고라는 것을 해야 하는지 잘 몰라서 망설이는 사장님들도 계시지만, 인건비 신고를 하면 특히, 정직원의 경우 4대보험료에 대한 부담이 커서 인건비 신고를 망설이는 사업자도 있다. 4대보험이란 국민연금, 건강보험, 고용보험, 산재보험을 말하는데, 이 중에서 특히 건강보험료와 국민연금 보험료는 사업주가 부담해야 할 금액도 적지 않다. 그렇다면, 조금이라도 도움받을 방법은 없을까? 당연히 있다. 바로, 두루누리 사회보험료 지원사업이다. 두루누리 사회보험료 지원사업이란 소규모 사업을 운영하는 사업주와 소속 근로자의 사회보험료(고용보험·국민연금)의 일부를 국가에서 지원함으로써 사회보험 가입에 따른 부담을 덜어주고, 사회보험 사각지대를 해소하기 위한 사업을 말한다. 지원 대상은 근로자 수가 10명 미만인 사업에 고용된 근로자 중 월평균 보수가 260만 원(2023년 기준) 미만인 신규 가입 근로자와 그 사업주이며, 신규 가입 근로자 및 사업주가 부담하는 고용보험과 국민연금 보험료의 80%를 36개월 동안 지원해준다. 해외구매대행업을 하시는 사업자는 대부분 근로자 수가 많지 않기 때문에 대부분 두루누리 사회보험료 지원사업에 해당이 된다. 이와 관련하여 자세한 사항은 두루누리 사회보험료 지원 포털에 들어가서 확인 및 신청하면 된다.

[사이트] 두루누리 사회보험료 지원포털

http://insurancesupport.or.kr/home/start.php

[사이트] 두루누리 사회보험료 지원포털

⑵ 청년일자리도약장려금

청년일자리도약장려금은 고용노동부에서 실시하는 청년일자리 창출 관련 장려금 제도로 청년을 신규 채용하면 1인당 월 최대 60만 원씩 1년간 지원하고, 정규직 채용 후 2년 근속 시 480만 원 일시급으로 지급하여 2년간 최대 1,200만 원을 지원하는 제도다. 사업 참여 신청 직전 달부터 이전 1년간 평균 고용보험 피보험자 수가 5인 이상인 사업주가 지원 대상이지만 청년창업기업이나 고용위기지역 소재한 기업이라면 고용보험 피보험자 수가 1인 이상이라도 신청할 수 있다. 해외구매대행업은 청년창업기업이 많으므로 해당이 된다면 신청해서 지원받아보자.

[사이트] 고용노동부 청년일자리도약장려금

http://www.moel.go.kr/policy/policyinfo/young/list17.do

[사이트] 고용노동부 청년일자리도약장려금

이러한 고용지원사업과 관련하여 가장 중요한 것은 매년 이런 제도들이 생기고 개편된다는 점이다. 고용을 증대시키는 것은 국가적인 관심 분야이기 때문이다. 따라서, 매년 새롭게 업데이트되는 제도에 관심을 가지고 찾아보는 것이 중요하다. 그 밖에 시군구별로 채용과 관련하여 개별적으로 지원금을 지급하거나 다른 보조를 해주는 제도도 있다. 자세한 사항은 시, 군, 구청 홈페이지나 담당 부서에 전화해 확인해보도록 하자.

절세의 시작은 '비용처리'에서부터

한번은 해외구매대행 사업자 중 한 분이 이런 질문을 주신 적이 있다. 아르바이트 직원을 채용해서 매월 얼마씩 지급을 하고 있는데, 해당 직원이 국가보조금을 받는 대상이라서 인건비 신고를 안 했으면 한다는 것이었다. 이런 이유로 급여를 지급하고 인건비 신고를 안 할 경우 경비로 인정받는 방법은 없는지도 궁금해하셨다. 보조금에 따라서 다르지만, 보조금을 받는 기간 동안 소득이 발생하면 그 보조금을 더 이상 받지 못하게 되는 경우가 있다. 어떤 이유에서건 인건비 신고를 안 하면 결국에는 사업자가 인건비에 대해서 비용으로 인정받지 못하므로 모두 사업자 본인의 세금으로 부담해야한다. 원래는 사업자의 비용으로 인정받고 근로자의 소득으로 잡아야 하는 금액인데, 인건비 신고를 하지 않아서 근로자의 소득으로 잡지 못했기 때문이다. 그 밖에도 여러 가지 이유로 직원에 대한 인건비 신고를 주저하거나 하지 못하는 경우가 종종 있다. 원래 내야 할 세금보다 더 많은 세금을 내도 상관이 없다면 상관없을 수도 있지만, 돈을 벌기 위해서 어느 정도 위험을 감수하고 하는 사업에서 그렇게 생각하는 사업자는 한 명도 없을 것으로 생각한다.

세금은 결국에는 내가 벌어들인 소득에 대해서 납부를 하는 것이다. 벌어들인 수입을 빠뜨리는 것은 탈세라서 절대로 해서는 안 되고, 적발되면 문제가 심각해진다. 그러므로, 세금을 줄이기 위해서는 비용을 빠짐없이 인정받아야 한다. 그중 인건비는 큰 부분 중하나이므로, 반드시 제때 인건비 신고를 통해서 비용으로 인정받도록 하자.

3
적격증빙 세 가지는 반드시 기억하자,
이것은 영수증이 아닌 '돈'이다

해외구매대행으로 많은 수입을 벌어들이는 사장님들이 사업과 관련하여 돈을 쓰고 꼭 챙기는 것 중 하나는 적격증빙이다. 왜냐하면, 적격증빙을 수취해야만 사업에서 사용한 경비로 인정받을 수 있고, 부가가치세법상 매입세액 공제도 가능하기 때문이다. 그렇다면 적격증빙은 무엇이고 어떻게 받아야 하는 걸까?

설마 돈을 쓰고 아무런 증빙을 받지 않고 있나요?

적격증빙이란 사업과 관련하여 지출한 비용 영수증 중에서 세법에서 인정한 증빙을 말한다. 쉽게 말해서 국세청에서 인정하는 증빙이다. 세법상 인정되는 적격증빙의 종류는 세금계산서(계산서), 신용카드 매출전표, 현금영수증을 말한다. 적격증빙이 아닌 영수증 등을 수취하는 경우 적격증빙이 아니기 때문에 사업상 경비로 인정받거나 매입세액 공제를 받을 수 없다. 비용을 지출하기만 하면 사업상 경비로 인정받을 수 있다고 생각하기 쉽지만 그렇지 않은 것이다.

비용을 지출하고 적격증빙을 받는 것이 생각보다 간단해 보이지만 이러한 부분을 간과하고 있는 사업자도 많다. 사업자의 지출을 검토하다 보면 현금으로 물건을 구매하고 현금영수증을 요청하지 않는 경우나 계좌이체를 하고 아무런 증빙을 받지 않는 경우가 실제로 많다. 왜 적격증빙을 챙기지 않았는지에 사업자에게 물어보면 상대방이 챙겨주지 않아서, 일일이 요청하게 번거로워서, 소액이라서 등 다양한 이유로 적격증빙을 받지 않는다. 그러나 중요한 사실은 귀찮다는 이유로, 소액이라는 이유로 아무런 증빙을 수취하지 않는다면 결국에는 내가 그만큼 세금을 더 내게 된다는 사실이다.

📑 적격증빙 수취 관련 주의사항

적격증빙을 수취하는 데도 주의해야 하는 사항이 있다. 구체적으로 어떤 것들이 있는지 적격증빙별로 하나씩 알아보자.

(1) 세금계산서(계산서)

사업자와 거래 시에는 세금계산서 거래를 주로 하게 된다. 세금계산서는 최근에는 대부분 전자세금계산서를 많이 사용하지만, 종이로 된 세금계산서도 가능하다. 종이 세금계산서의 경우에는 반드시 해당 증빙을 잘 보관하고 세무대리인에게 종이 세금계산서를 잘 전달하여 세금신고 시 해당 경비가 누락이 없도록 해야 한다. 또한, 세금계산서에 반드시 기재되어야 하는 필요적 기재사항이라는 게 있다. 필요적 기재사항이 빠지는 경우 적격증빙으로서 효력을 인정받을 수 없어서 비용으로 인정받기 어렵고 매입세액 공제도 되지 않을 수 있다. 따라서, 세금계산서를 수취할 때 필요적 기재사항이 누락 되었는지 꼭 확인하여야 한다.

[세금계산서의 필요적 기재사항]

① 공급자의 등록번호와 성명 또는 명칭
② 공급받는 자의 등록번호
③ 공급가액과 부가가치세액
④ 작성연월일

TIP. 공급받는 자의 상호를 잘못 기재하였을 경우에 문제가 있을까?

필요적 기재사항을 제외하고 나머지 기재사항은 임의적 기재사항으로 잘못 작성하거나 누락하여도 가산세 등의 문제가 발생하지 않는다. 따라서, 공급받는 자의 상호는 필요적 기재사항이 아니므로, 공급받는 자의 상호를 빠뜨리거나 잘못 쓰더라도 기재사항 착오정정을 사유로 하여 수정세금계산서를 발행하면 되고, 제재는 없다.

(2) 신용카드 매출전표

신용카드 매출전표는 재화나 용역을 공급받는 사업자가 그 대금결제의 수단으로 「여신전문금융업법」에 의한 신용카드로 결제하고 발부받은 영수증을 말한다. 우리가 일상에서 사용하는 신용카드뿐만 아니라 체크카드, 직불카드 모두 적격증빙으로 인정받을 수 있다. 신용카드 매출전표와 관련해서 개인사업자는 크게 상관이 없지만, 법인사업자라면 주의할 사항이 있다. 종업원 개인명의 신용카드를 법인의 사업과 관련된 거래에 사용하고 그 신용카드매출전표를 수취할 경우 비용처리가 가능하지만, 접대비의 경우에는 지출 건당 3만 원 초과하는 접대비는 법인카드로 사용한 경우에만 비용으로 인정받을 수 있다. 특히, 상품권을 법인에서 구매하여 접대비로 지출할 때는 무조건 법인 명의의 신용카드로 구매하는 것만 접대비로 인정받을 수 있으니 주의해야 한다.

⑶ 현금영수증

현금영수증은 물품 또는 서비스를 구매할 때 현금을 지급하면서 발급받는 영수증이다. 현금영수증은 소득공제용과 지출 증빙용 2가지로 발급할 수 있는데, 소득공제용은 근로자를 위한 것이므로 사업자 간 거래에서는 지출 증빙용으로 발급받으면 된다. 지출 증빙용으로 현금영수증을 발급받을 때는 사업자등록번호를 상대방에게 알려주어야 지출 증빙용 현금영수증을 발급받을 수 있다. 계좌이체를 해서 구매를 하는 경우 현금영수증 받는 것을 빠뜨리는 경우가 종종 있는데, 귀찮더라도 현금영수증을 요청하고 발급받는 습관을 들이는 게 좋다.

🖱 적격증빙을 잘 챙기는 것은 절세의 기본이다

해외구매대행업을 하시는 사장님들 중에서 소액이라서, 귀찮아서 또는 몰라서 등 다양한 이유로 적격증빙 수취를 하지 않는 분들이 종종 있다. 예를 들어, 사업에 필요한 A4용지와 같은 비품을 구매하고 현금을 주면서 아무런 적격증빙을 받아오지 않는 때도 있고, 월세를 계좌 이체하고 세금계산서를 받지 않는 예도 있다. 아무래도 해외구매대행업이 첫 사업인 경우가 많아서 아직은 적격증빙을 수취한다는 것이 익숙하지는 않고 그 중요성에 대해서 잘 몰라서 그런 경우가 많은 것 같다. 물건을 사거나 서비스를 이용하면서 돈을 쓰고서 적격증빙을 수취하지 않는다는 것은 해외구매대행업으로 열심히 돈을 벌어서 세금을 더 내겠다는 것과 다름없다. 개인사업자인 일반과세자가 적격증빙으로 받아야 하는 금액이 1년 동안 100만 원 누락이 되었다면, 100만 원에 대한 매입세액 공제 10만 원과 소득세 세율구간을 35%로 가정할 때 35만 원(100만 원×35%)만큼 절세를 놓친 것이 된다. 귀찮거나 무지하면 그냥 45만 원을 버리게 된 셈이다. 이렇게 적격증빙을 수취하지 않는 금액이 100만 원이 아니라 1,000만 원이라면? 훨씬 더 많은 금액을 손해 보게 되는 것이다. 돈을 많이 버는 것만큼이나 불필요하게 지출되는 부분을 잘 막는 것도 돈을 버는 방법 중 한 가지다. 적격증빙 자체를 '돈'이라 생각하고 누락 없이 꼭 받는 습관을 들여서 절세하도록 하자.

TIP. 상대방이 세금계산서를 발급해주지 않는다면 방법이 없을까?

요즘은 많지 않지만, 간혹 상대방이 세금계산서를 발급해주지 않는 때도 있다. 세금계산서는 기본적으로 물건을 판매하는 자가 발급해주어야 하는데 돈을 계좌이체 등으로 지급하고 세금계산서와 같은 적격증빙을 발급받지 못한다면 난감할 수 있다. 예를 들어, 해외구매대행업 사무실로 임대 중인 사무실의 건물주가 개인적인 이유로 임대료에 대해 세금계산서를 발급해주지 않는 경우가 있을 수 있다. 이 경우에는 아무런 방법이 없는 걸까?

이런 경우 매입자인 구매자가 직접 세금계산서를 신청 및 발급을 할 수 있는데 이를 '매입자발행세금계산서'라고 한다. 매입자발행세금계산서는 거래 상대방인 매출자가 세금계산서 발급의무가 있는 일반과세자이면서 거래 건당 공급대가[*]가 5만 원 이상[**]인 재화나 용역을 공급받을 때 발급이 가능하다. 다만, 매입자발행세금계산서를 발급받기 위해서는 거래사실을 입증해야 하는데, 이에 대한 입증책임은 매입자에게 있으므로 대금결제 영수증, 거래명세표 등 거래 사실에 대한 증빙자료를 확보해야 한다.

---

[*] 공급대가는 부가가치세가 포함된 금액을 말하며, 부가가치세가 제외된 공급액은 공급가액이라 한다.

[**] 참고로, 2022년 세법개정안에 따라 거래 건당 10만 원에서 건당 5만 원으로 대상이 확대되었다.

절세의 기본!
세금신고, 납부 기한을 알아두자

해외구매대행업으로 벌어들인 소득에 대해 개인사업자라면 종합소득세를 법인사업자라면 법인세를 납부해야 하고, 개인사업자와 법인사업자 모두 부가가치세를 신고 납부해야 한다.

문제는 종합소득세, 법인세, 부가가치세와 같은 세금은 내 마음대로 아무 기간에 신고 납부하는 것이 아니라 신고 납부 기한이 정해져 있어서 정해진 기한 내에 신고 납부해야 한다는 것이다. 이 신고 납부 기한을 초과하여 세금을 신고 납부하게 되면 사업자는 가산세라는 페널티를 부담해야 한다.

실무적으로 세금신고를 대리하다 보면 생각보다 많은 사업자가 이 정해진 세금신고 납부 기한을 지나서 세금신고를 위해 찾아오곤 한다. 조금만 관심을 가지고 신경을 쓰거나 회계사나 세무사에게 기장을 맡기고 있었다면 제때 세금신고를 놓치지 않았을 텐데 불필요하게 가산세를 내야 하는 일을 만들어서 오는 것이다.

🗐 세금별 신고 납부 기한

그렇다면, 세금별 신고 납부 기한은 어떻게 되는 걸까? 해외구매대행업을 한다면 마주치는 세금인 부가가치세, 종합소득세, 법인세를 기준으로 세금별 신고 납부 기한에 대해서 알아보자.

⑴ **부가가치세**

해외구매대행업은 과세사업이므로 개인사업자와 법인사업자 모두 부가가치세 신고 납부 의무가 있다. 부가가치세법상 과세 사업자는 간이과세자와 일반과세자로 나뉜다.

a. 간이과세자

먼저 간이과세자는 매년 1월 1일부터 12월 31일까지를 과세기간으로 하며, 이 과세기간에 발생한 부가가치세를 다음 해 1월 1일부터 1월 25일까지 신고 납부한다. 다만, 1년간 공급대가(매출액) 기준인 8,000만 원 이상이 되는 경우 다음 해 1월부터 바로 일반과세자로 전환되는 것이 아니라 다음 해 7월부터 간이과세자에서 일반과세자로 과세유형이 전환된다. 1월부터 6월까지 6개월간 갑작스러운 과세유형 전환에 따른 혼선과 어려움을 최소화하기 위해 유예기간을 두는 것이다. 따라서, 공급대가(매출액) 기준금액인 8,000만 원 이상이 되어 간이과세자에서 일반과세자로 전환 시에는 1월 1일부터 12월 31일까지를 과세기간으로 다음 해 1월 1일부터 1월 25일까지 신고 납부를 하고, 과세유형이 전환되는 7월 이전의 기간인 1월 1일부터 6월 30일까지에 대해서도 7월 25일까지 간이과세자로 신고 납부하면 된다.[*]

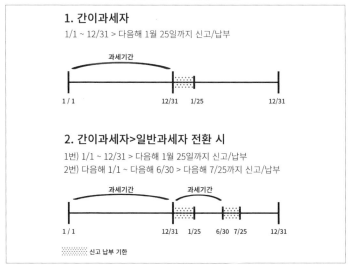

[간이과세자 신고 납부 기한]

1. 간이과세자
1/1 ~ 12/31 > 다음해 1월 25일까지 신고/납부

2. 간이과세자>일반과세자 전환 시
1번) 1/1 ~ 12/31 > 다음해 1월 25일까지 신고/납부
2번) 다음해 1/1 ~ 다음해 6/30 > 다음해 7/25까지 신고/납부

b. 일반과세자

일반과세자는 6개월을 과세기간으로 하여 신고 납부를 한다. 매

---

[*] 참고로, 다른 장에서 설명하겠지만 법인사업자는 간이과세자가 될 수 없으므로 간이과세자에 해당되는 부분은 개인사업자만 해당한다.

년 1월 1일부터 6월 30일까지는 제1기, 매년 7월 1일부터 12월 31일까지를 제2기로 하여, 제1기의 부가가치세는 7월 1일부터 7월 25일까지 신고 납부하도록 하며, 제2기의 부가가치세는 다음 해 1월 1일부터 1월 25일까지 신고 납부하도록 하고 있다. 개인사업자와 법인사업자 모두 과세기간과 부가가치세 신고 납부 기간은 같으나 법인사업자의 경우 예정신고 기간을 두어 3개월 단위로 부가가치세를 예정신고와 확정신고로 나누어 신고 납부하도록 하고 있다는 점에서 차이가 있다. 참고로 개인사업자와 소규모 법인사업자[*]는 직전 과세기간(6개월) 납부세액의 50%를 4월과 10월 국세청에서 예정 고지서를 발송하여 납부하도록 하고 있고, 예정 고지서로 납부한 세액은 다음 확정신고 시 기납부세액으로 차감된다.[**]

[일반과세자 신고 납부 기간]

구분	제1기(1/1 ~ 6/30)			제2기(7/1 ~ 12/31)			
과세대상 기간	1/1~ 3/31		4/1~ 6/30	7/1~ 9/30		10/1~ 12/31	
신고납부 기간		4/1~ 4/25		7/1~ 7/25	10/1~ 10/25		다음해 1/1~ 1/25

---

* 직전 과세기간 공급가액의 합계액이 1억 5천만 원 미만인 법인사업자

** 법인사업자는 예정신고까지 1년에 4회 부가가치세를 신고해야 하며, 개인사업자는 1년에 2회 부가가치세를 신고해야 한다. 다만, 개인사업자의 경우 예정신고 의무가 없지만, 직전 과세기간의 납부세액의 50%를 예정 고지서로 발송하여 납부하기 때문에 납부는 1년에 4회 하게 된다. 다만, 징수하여야 할 금액이 50만 원 미만인 경우나 간이과세자에서 일반과세자로 전환된 사업자는 예정 고지 대상에서 제외된다.

	예정신고 (1~3월) 〉 4/1~4/25 신고 납부	확정신고 (4~6월) 〉 7/1~7/25 신고 납부	예정신고 (7~9월) 〉 10/1~10/25 신고 납부	확정신고 (10~12월) 〉 다음해 1/1~1/25 신고 납부
법인사업자				
개인사업자	확정신고(1~6월) 〉 7/1 ~7/25 신고 납부		확정신고(7~12월) 〉 다음해 1/1 ~1/25 신고 납부	

⑵ **종합소득세**

개인사업자가 벌어들이는 소득은 세법상 사업소득으로 종합소득세 신고 납부 의무가 생긴다. 종합소득세 과세 대상 기간은 1월 1일부터 12월 31일까지이며, 이때 발생한 소득에 대해서 다음 해 5월 1일부터 5월 31일까지 신고 납부하면 된다.[*] 참고로, 종합소득세 과세 대상이 되는 소득에는 이자소득, 배당소득, 사업소득, 근로소득, 연금소득, 기타소득이 있으며, 근로소득자의 경우에는 연말정산이라는 제도를 통해서 종합소득세 신고를 대체하고 있다. 만약, 근로소득과 사업소득 둘 다 있는 사람이라면 어떻게 해야 할까? 이 경우에는 연말정산을 하든 하지 않든 5월에 종합소득세 신고를 해야 한다.

[종합소득세 신고 납부 기간]

과세대상기간	신고납부기간
1월 1일 ~ 12월 31일	다음 해 5월 1일 ~ 5월 31일

---

[*] 개인사업자 중에서 해당연도 수입금액이 큰 경우 성실신고확인대상 개인사업자가 될 수 있다. 이 경우에는 1월 1일부터 12월 31일까지의 소득을 다음해 5월이 아닌 6월 30일까지 신고 납부하면 된다. 해외구매대행업의 경우 수입금액 기준이 15억 이상으로 성실신고확인대상자가 되는 기준 금액이 높아서 개인사업자 중 해외구매대행업만으로 성실신고확인대상자인 경우는 거의 없다.

(3) 법인세

법인사업자라면 법인에서 벌어들인 소득에 대해서 법인세를 신고해야 한다. 개인사업자와 마찬가지로 1년에 1번 신고 납부를 하지만, 법인의 경우에는 정관에서 정한 과세기간에 따라서 신고 납부 기한이 달라진다. 예를 들어, 12월 결산법인의 경우 다음 연도 3월 31일까지 신고 납부하면 된다. 하지만, 3월 결산법인의 경우에는 6월 30일까지, 6월 결산법인의 경우 9월 30일까지, 9월 결산법인의 경우 12월 31일까지 신고 납부하면 된다. 국내에 있는 법인은 일부 업종을 제외하고 대부분 12월 결산법인이므로 3월 31일까지 신고 납부가 가장 많다.

[법인세 신고 납부 기간]

구분	법인세 신고 귀속월	법인세 신고기간
12월말 결산법인	1/1 ~ 12/31	다음해 3/31
3월말 결산법인	4/1 ~ 다음해 3/31	다음해 6/30
6월말 결산법인	7/1 ~ 다음해 6/30	다음해 9/30
9월말 결산법인	10/1 ~ 다음해 9/30	다음해 12/31

📖 신고 납부 기한을 넘기면 페널티: 가산세

세법에서 정한 세금신고 납부 기한을 넘기게 되면 가산세가 발생한다. 가산세의 종류에는 여러 가지가 있지만, 신고와 관련하여 발생하는 가산세에 대해서 알아보자.

⑴ 부가가치세

먼저, 부가가치세를 기한 내에 신고하지 않고 기한 후 신고 시 무신고 가산세가 발생한다. 무신고 가산세는 무신고납부 세액의 20%인데, 부당하게 신고하지 않는 경우* 무신고 납부세액의 40%를 가산세로 내야 한다. 납부해야 할 부가가치세가 500만 원이라면 무신고 가산세는 100만 원(부당 무신고 시 200만 원)을 내야 하므로 엄청나게 무겁다. 부가가치세 신고를 기한 내에 하지 않으면 무신고로 간주되어 무신고 가산세를 부과하기 때문에 기한 내에 신고하는 것은 중요하다. 예를 들어, 일반과세자이면서 개인사업자인 A가 제1기 부가가치세 확정신고 기한인 7월 25일을 하루 초과하여 7월 26일에 신고하게 되면 하루 차이로 기한 후 신고가 되어 무신고로 간주한다. 단 하루 차이지만 무신고 가산세가 발생하게 되는 것이다.

두 번째는 미납부 부가가치세에 대해서 납부불성실가산세가 발생한다. 납부불성실가산세는 부가가치세를 납부하지 않아 발생하는 가산세로 부가가치세 신고 마감일로부터 실제 부가가치세 납부를 완료할 때까지의 일수에 따라 부과된다. 정확한 산정방식은 미납세액에 경과일수와 이자율을 곱하여 계산하는데 현재 이자율은 1일 0.022%다. 늦게 할수록 계속해서 가산세가 불어나므로 신고 기한을 놓쳤다는 사실을 인지하는 즉시 신고를 하여 가산세를 조금이라도 줄여야 한다.

---

* 부당 무신고는 이중장부의 작성 등 장부의 허위기장, 허위증빙 또는 허위 문서의 작성 등 부당한 방법으로 무신고한 납부세액에 상당하는 금액을 말한다.

⑵ 종합소득세

부가가치세와 마찬가지로 제때 신고하지 않으면 무신고 가산세가 발생한다. 일반무신고의 경우 무신고납부세액의 20%, 부정무신고의 경우 무신고납부세액의 40%를 가산세로 낸다는 점에서 부가가치세 무신고 가산세와 같다. 다만, 무신고 대상이 복식부기의무자의 경우에는 일반무신고는 무신고납부세액의 20%와 수입금액에 0.07% 중 큰 금액을 가산세로 납부해야 하고, 복식부기의무자이면서 부정무신고의 경우 무신고납부세액의 40%와 수입금액의 0.14% 중 큰 금액을 가산세로 내야 한다. 여기서 수입금액이란 부가가치세를 제외한 매출을 말한다.

부가가치세와 마찬가지로 종합소득세 역시 미납부세액에 대해서 경과일수와 1일 이자율 0.022%만큼 납부지연가산세가 발생한다. 따라서, 종합소득세 신고기한을 놓치는 경우에도 최대한 빠르게 신고 납부를 하는 게 좋다.

⑶ 법인세

법인세도 종합소득세와 마찬가지로 기한을 초과하여 신고하면 무신고가산세와 납부지연가산세가 발생한다. 법인세의 무신고가산세는 종합소득세를 납부하는 복식부기의무자와 동일하다. 일반무신고의 경우 무신고납부세액의 20%와 수입금액의 0.07% 중 큰 금액을 가산세로 납부해야 하고 부당한 방법으로 무신고 하는 경우 무

신고 납부세액의 40%와 수입금액의 0.14% 중 큰 금액을 가산세로
내야 한다.

[가산세 요약]

구분			부가가치세	종합소득세	법인세
무신고	일반	복식부기 의무 X	무신고 납부세액 × 20%	무신고납부세액 ×20%	MAX(①,②) ① 무신고 납부세액×20% ② 수입금액 ×0.07%
		복식부기 의무 O		MAX(①,②) ① 무신고 납부세액 ×20% ② 수입금액×0.07%	
	부당	복식부기 의무 X	무신고 납부세액 × 40%	무신고납부세액 ×40%	MAX(①,②) ① 무신고 납부세액×40% ② 수입금액 ×0.14%
		복식부기 의무 O		MAX(①,②) ① 무신고 납부세액 ×40% ② 수입금액×0.14%	
납부지연			미납부세액 × 경과일수 × 22/100,000		

📑 제때 세금신고하는 것이 가장 중요하다

바쁜 세금신고 기간이 끝나고 이제 한숨 좀 돌리려는 데 "회계사
님 이런저런 이유로 세금신고를 제때 하지 못하였습니다."라며 찾
아오시는 사업자가 생각보다 많다. 사업을 시작한 지 얼마 되지 않
은 초기 사업자라 잘 몰라서, 사업을 하느라 바빠서, 개인적인 사정
으로 인하여 등 신고를 제때 못한 이유는 각기 다르지만 중요한 건

국세청은 사업자의 개인 사정에는 전혀 관심이 없다는 것이다. 법에서 정한 신고 기한을 하루라도 넘기면 무신고로 보기 때문에 가산세가 엄청나게 발생한다. 또한, 기간이 지날수록 가산세는 불어나므로 하루라도 빠르게 신고하는 것이 더 낫다. '이번에 신고하지 않아도 괜찮겠지, 걸리지 않겠지'와 같이 안일하게 있다가는 몇 년이 지나서 한꺼번에 가산세 폭탄과 함께 미납되었던 세금을 납부해야 하는 일이 생길 수 있다. 돈을 많이 버는 것만큼이나 제때 세금신고를 통해서 내지 않아도 될 가산세까지 내는 일은 없도록 하자.

TIP. 자세한 건 몰라도 이것만은 꼭 기억해 두자!

1. 간이과세자+개인사업자

세금신고는 1년에 2번 있다는 것을 기억하자!

- 부가가치세 신고는 매년 1월

- 종합소득세 신고는 매년 5월

2. 일반과세자+개인사업자

세금신고는 1년에 3번 있다는 것을 기억하자!

- 부가가치세 신고는 매년 1월과 7월

- 종합소득세 신고는 매년 5월

3. 법인사업자

세금신고는 1년에 5번 있다는 것을 기억하자!

- 부가가치세 신고는 매년 1월(확정), 4월(예정), 7월(확정),
  10월(예정)

- 법인세 신고는 매년 3월(12월 말 결산법인인 경우)

5
예상되는 세금을
관리하고 있었다

—

　업종을 불문하고 사업으로 돈을 많이 버는 사장님들의 공통점 중 하나는 세금에 엄청나게 관심이 많다는 것이다. 법인사업자도 물론이지만, 특히 개인사업자의 경우 최대 45%의 종합소득세 세율을 부담할 수도 있으므로 매출이 커질수록 세금에 관심이 많을 수밖에 없다. 해외구매대행업을 하고 있는 사장님들도 마찬가지다. 해외구매대행업은 법인사업자보다 개인사업자로 사업을 하시는 분들이 더 많아서 세금에 더욱더 민감하다. 돈을 더 많이 버는 사장님일수록 열심히 사업으로 돈을 버는 것만큼이나 절세 방법에 대해서 늘 궁금해한다.

　이러한 분들의 또 다른 공통점 중 하나는 가까이에 세무전문가를 두고 납부할 세금에 대해 미리 파악하고 대비한다는 것이다. 적을 알고 나를 알면 이길 수 있다는 말처럼 세금도 미리 알 수만 있다면 충분한 대비가 가능하다. 세금에 대해서 미리 준비가 필요한 이유와 방법은 무엇일까?

🗒️ 세금신고의 맹점

종합소득세의 신고 납부 기한인 5월이 되면, 어김없이 "회계사님, 종합소득세 좀 적게 낼 방법은 없나요?"라고 물어보시는 사업자들이 항상 있다. 당연하게도 세법이 정한 세액감면이나 공제에 해당되는 사항이 있다면 이를 적용하여 세금을 최대한 줄이기 위해서 노력은 하지만, 문제는 지금 신고하는 종합소득세는 이미 작년에 발생한 소득에 대한 세금이라는 것이다. 예컨대, 2023년도 5월에 신고 납부하는 종합소득세는 2022년도 1월 1일부터 12월 31일까지 벌어들인 소득에 대해서 신고 납부를 하는 것이다. 법인세 역시 마찬가지다. 12월 결산법인의 경우 3월 31일까지 법인세를 신고 납부하게 되는데, 3월 신고 기간에 신고하는 소득은 전년도 1월 1일부터 12월 31일까지 벌어들인 소득에 대해서 신고 납부를 하는 것이다. 신고 기간을 기준으로 본다면 종합소득세는 무려 5개월 전에 마감된 소득에 대한 세금이고, 법인세는 이미 3개월 전에 마감된 소득에 대한 세금이다. 따라서, 개인사업자가 부담하는 종합소득세든 법인사업자가 부담하는 법인세든 이미 기간이 지나 마감이 된 부분을 신고 시점에 수정하기란 불가능하다. 유일한 방법은 실제 사용하지도 않은 가공의 경비를 넣어서 세금을 줄이는 것인데, 이것은 탈세라서 해서는 안 되며, 적발되어 문제가 되어 세금을 추징당하면 사업자 본인이 책임을 져야 한다. 이처럼 종합소득세와 법인세는 과세 대상이 되는 과세기간과 세금을 신고 납부하는 신고 납부 기간과의 기간 차이가 매우 크다. 따라서, 종합소득세나 법인세 신고 기간에 찾아와서 세금을 줄여달라고 하는 것은 불가능한 일을 해달라는 것과 같다.

사장님 납부하실 '예상 세액'은 ○○○원입니다

그렇다면 어떻게 해야 할까? 세금을 절세하고 싶다면 세금신고 기간에 세금을 줄이기 위해서 애쓸 게 아니라 그 전에 과세기간 동안 회계사나 세무사에게 관리를 받아야 한다. 과세기간 동안 회계사나 세무사에게 경비에 대한 관리를 받으면 충분한 절세와 세금에 대한 대비를 할 수가 있다. 예를 들어, 회계사나 세무사에게 관리받게 되면 6월 30일이 지난 시점에 1월부터 6월까지 6개월간 매출과 각종 경비 사용액을 통하여 소득금액을 파악할 수 있는데, 이를 통해서 작년도 상반기에 발생한 소득금액과 비교해보고 대략적으로 납부해야 할 예상 세액을 산출해 볼 수 있다. 또한, 이러한 과정을 통해서 적격증빙을 미수취하여 빠진 경비는 없는지, 추가로 경비 처리를 할 수 있는 방안은 없는지 등을 회계사, 세무사가 분석하고 사업자에게 추가로 절세할 방법을 제시해드려서 과세기간 종료 직전까지 세금에 대한 관리가 가능하다. 이번 종합소득세 신고에도 미리 관리받지 않고 과세기간 종료된 이후 종합소득세 신고만 맡기셔서 크게 후회하신 사업자가 있었다. 과세기간 동안 나에게 상담이나 관리를 받지 않고 종합소득세 신고만 맡기러 오신 분이셨는데, 사장님께서는 작년보다 매출이 늘었으니 종합소득세가 조금 더 나오겠지 하며 별생각이 없이 나를 찾아왔다. 그런데 발생한 소득을 바탕으로 종합소득세를 계산해보고, 종합소득세가 몇백만 원 나온다고 사장님께 세금신고 결과를 말씀드렸더니 너무 많이 나온 것 같다며 당황스러워하셨다. 이 사장님의 경우 전년도 대비해서 매출이 크게 상승하였는데, 적격증빙으로 수취한 경비가 부족하여 세금이 많이 증가한 경우였다. 조금만 더 일찍 와서 세금에 대해서 같이 고민했더라면 좀 더 절세할 방법이 있었을 텐데, 아쉽지만 다른 방법은 없었다. 이 사업자처럼 내년 5월에 납부할 세금을 모르고 있다가 갑자기 적게는 몇십만 원에서 몇천만 원 이상의 세금을 내야 한다는 것을 알게 된다면 당황스러울 수밖에 없다. 특히나 세금은 매달 조금씩 나오는 게 아니라 몇 개월 치 또는 1년 치가 한꺼번에 부과되는 것이므로 사업자에게 '목돈'이 한 번에 나가는 것처럼 느껴질 수가 있다. 하지만 세무전문가에게 관리받으면 예상 세액이 얼마인지 미리 계산해보고 납부할 세액을 준비할 수 있다. 이를 통해서 절세를 할 수 있고 세금 납부에 대한 준비도 가능해지는 것이다.

세금이 많을 것 같으면 반드시 세무전문가를 찾아가 보자

평소에도 늘 회계사무소 한번 찾아가서 상담받아봐야지 하다가 사업이 바쁘다는 이유로, 피곤하다는 이유로, 또 다른 이유 등으로 미루고 미루다가 세금신고 기간이 되어서 부랴부랴 나를 찾아오시는 사장님들이 많다. 바쁘고 힘든 건 충분히 이해하지만 바쁘고 힘들게 사는 이유도 돈을 벌고 잘살기 위함인데 '세금을 아끼는 것 = 돈을 버는 것'이라고 생각해본다면 하루라도 빨리 세무전문가를 찾아가서 상담받는 게 좋을 것이다.

세무전문가에게 회계장부를 맡기게 되면 짧게는 분기 결산을 길게는 반기 결산을 통해서 미리 세금에 대해서 점검을 해볼 수 있다. 특히, 회계사무소에는 나와 비슷한 업종을 영위하는 사업자가 있으므로 업종별 매출 대비 비용에 대한 데이터가 있어서 내가 이 정도 매출이 발생하면 대략 이 정도 비용이 있어야 한다는 것을 더 확실하게 파악할 수 있다. 실제로 반기 검토를 하면서 해외구매대행업을 하는 A 사업자의 장부를 살펴보니 매출이 대략 이 정도 발생하면 다른 해외구매대행업 사업자에 비추어 볼 때 인건비가 있을 것 같은데, 인건비 신고가 안 되어있는 것을 발견하였다. 사장님께 물어보니 인건비가 있는데 신고해야 하는지 몰랐다고 하였다. 이후 세금신고 시 인건비를 경비에 제대로 반영시켜 세금을 줄여주었다.

세금이 많이 나올 것 같고 세금을 절세하고 싶은데 가만히 있는 것은 아무것도 하지 않은 채 부자가 되고 싶다며 요행을 바라는 것과 같다. 세금을 절세하고 싶다면 지금 바로 세무전문가부터 찾아가 보자.

3장

해외구매대행업
세금과 세무 전략
BASIC

1

해외구매대행업과 관련된 세금의 종류

전문가가 아니라면 누구에게나 세법은 어렵고 복잡하다. 어쩌면 잘 모르는 것이 당연할 수도 있다. 하지만, 사업을 한다면 적어도 내가 하는 사업으로 어떤 세금을 신고 납부해야 하는지 정도는 알고 있어야 한다. 그래야 세금을 내고 나서 세후로 벌어들인 소득을 정확하게 산출할 수 있을 뿐만 아니라 세무대리인과 업종별 세금 이슈, 개정세법 등에 대한 원활한 소통으로 절세를 할 수 있기 때문이다.

그렇다면, 해외구매대행업을 한다면 어떤 세금을 신고 납부해야 할까? 해외구매대행업을 한다면 기본적으로 두 가지의 세금에 대해서 신고 납부 의무가 있다. 하나는 '부가가치세'이고, 다른 하나는 개인사업자라면 '종합소득세', 법인사업자라면 '법인세'를 신고 납부해야 한다.

📖 부가가치세와 종합소득세, 그리고 법인세

(1) 해외구매대행 사업자가 부담하는 부가가치세란?

부가가치세란 상품(재화)의 거래나 서비스(용역)의 제공과정에서 얻어지는 부가가치(이윤)에 대하여 부과하는 세금을 말한다. 쉽게 설명하자면 사업자가 소비자에게 물건을 판매하거나 서비스를 제공하면서 소비자에게 부과하는 세금을 말한다.* 예를 들어, 일반과세자가 물건을 소비자에게 110원에 판매를 하였다면, 물건을 판매하고 벌어들인 소득은 100원, 부가가치세는 10원이 된다. 사업자는 소비자가 부담한 세금인 10원을 보관하였다가 부가가치세 신고 납부 기간에 납부하게 된다. 만약, 이 경우에 사업자가 물건을 매입한 금액이 88원이 있다고 한다면 어떻게 될까? 매입 시 사업자가 부담한 부가가치세는 그 금액만큼 매입세액 공제를 통해 납부할 세금에서 차감해 준다. 이 경우에는 매입한 물건값 88원 중 10%인 8원이 매입세액이 되어 매출에서 발생한 10원에서 매입에서 발생한 8원을 차감한 2원을 부가가치세로 납부하게 된다.

부가가치세법상 사업자는 과세사업자와 면세사업자로 구분되고, 과세사업자는 다시 일반과세자와 간이과세자의 두 가지 유형으로 구분된다.** 외구매대행업의 경우 과세 사업에 해당하므로 일반과세자 이거나 간이과세자가 되는데, 대부분은 개인사업자이면서 간이과세자인

---

* 부가가치세는 나라별로 부가가치세율이 다른데, 우리나라의 경우 10% 단일 세율로 부가가치세를 부과하고 있다.

** 참고로 개인사업자는 간이과세자가 될 수 있지만, 법인사업자라면 간이과세자가 될 수 없다.

경우가 많다. 일반과세자의 경우 앞에서 설명한 것처럼 매출에서 발생한 부가가치세인 매출세액에서 매입에서 발생한 부가가치세인 매입세액을 차감하여 부가가치세를 신고 납부하게 된다. 간이과세자는 부가가치세 계산 방법이 일반과세자와는 다르다. 간이과세자는 연 매출이 8천만 원 미만에 해당하는 사업자로 매출이 영세하기 때문에 일반과세자보다 더 간단하고 더 적은 부가가치세를 징수하도록 하고 있다. 간이과세자의 부가가치세 계산 방법은 매출에 10%를 곱하고 '업종별 부가가치율'을 곱한 금액에서 매입액의 0.5%를 공제세액으로 차감하여 부가가치세를 계산한다. 해외구매대행업의 경우 업종별 부가가치율[*]이 15%이기 때문에 해외구매대행업 간이과세자의 경우 매출의 1.5% 이하로 부가가치세를 부담하게 된다. 예를 들어, 해외구매대행업 매출이 100원이 있다면 100원에 10%를 곱한 10원에서 업종별 부가가치율인 15%를 곱하면 1.5원이 된다. 매입이 없다면 이 금액을 사업자가 보관하고 있다가 부가가치세 신고 납부 기간에 납부하면 되고, 부가가치세를 부담한 매입이 있다면 해당 금액에 0.5%만큼을 차감한 금액을 부가가치세로 납부하면 된다.

간이과세자 중에서 연 매출이 4,800만 원 미만인 사업자는 부가가치세 납부의무가 면제된다. 하지만, 연 매출이 4,800만 원 이상인 간이과세자는 일반과세자와 비교하면 부가가치세가 부담이 적은 것이지 세금 납부 의무 자체가 없는 것은 아니기 때문에 주의하여야 한다. 실

---

[*] 간이과세자의 업종별 부가가치율은 매년 세법개정으로 달라질 수 있다. 참고로 해외구매대행업의 경우 2021년 6월 이전까지 부가가치율은 10%였다.

제로 간이과세자는 부가가치세 신고 대상이 아닌 것으로 착각하여 신고하지 않아 국세청으로부터 연락받는 경우가 매년 있으므로 주의가 필요하다.

[부가가치세 사업자 구분]

구분	기준금액	세액계산
일반과세자	1년간의 매출액 8,000만 원 이상	매출세액(매출액의 10%)−매입세액(매입액의 10%)=납부세액
간이과세자	1년간의 매출액 8,000만 원 미만	(매출액×업종별 부가가치율×10%)−공제세액=납부세액 *공제세액=매입액×0.5% *해외구매대행업 업종별 부가가치율: 15%

(2) 개인은 종합소득세를, 법인은 법인세를!

그렇다면, 종합소득세와 법인세는 어떤 세금일까? 종합소득세는 개인이 1년간 벌어들인 소득에 부과하는 세금이고, 법인세는 법인이 결산 기간 벌어들인 전체 소득에 부과하는 세금을 말한다.

먼저, 종합소득세를 부과하는 종합소득은 이자소득, 배당소득, 사업소득, 근로소득, 연금소득, 기타소득을 모두 합친 금액을 말한다. 종합소득세의 계산은 개인이 벌어들인 종합소득금액에서 소득공제를 차감 후 계산된 과세표준에 종합소득세 세율을 곱하여 계산한다. 중소기업특별세액공제 등 세액공제, 세액감면 사항이 있다면 이를 납부세액에서 이를 차감해 주고, 가산세가 있다면 이를 가산하여 세액을 산출하게 된다. 해외구매대행업에서 벌어들인 소득은 사업자를 내서 벌어들인 소득으로 사업소득에 해당한다. 사업소득은 사업으로 벌어들인 소득으로 해외구매대행업에서 벌어들인 순매출에서 사업에 직접적으로 사용한 각종 경비를 차감하여 계산된다.

만약 회사에 다니면서 투잡으로 해외구매대행업을 하는 경우라면 종합소득세는 어떻게 계산될까? 회사에 다니면서 해외구매대행업을 하는 사업자의 경우에는 다니고 있는 회사에서 발생하는 근로소득과 해외구매대행 사업장에서 벌어들인 사업소득 2가지가 발생하게 된다. 종합소득세는 개인이 1년간 벌어들인 모든 종합소득금액을 합하여 세액을 산출하므로 이 경우에는 근로소득과 사업소득을 모두 합산한 종합소득금액에서 소득공제를 차감 후 과세표준을 산출하고 종합소득세 세율을 곱하여 산출세액을 계산하게 된다.

[국세청 홈페이지—종합소득세 계산구조]

2022년 귀속 종합소득세의 세율은 6%~45%이며 누진세 구조로 되어있다. 누진세는 소득금액이 커질수록 벌어들인 소득에 대해 더 높은 세율을 부담하는 세금 구조를 말한다. 그러므로, 소득 구간이 높아지면 세율도 함께 높아지게 된다. 해외구매대행으로 같은 돈을 벌었다 하더라도 다른 소득이 있는 경우에는 세율구간에 따라 납부할 세

금이 달라질 수 있는 것이다. 예를 들어, 해외구매대행업 소득만 4,000 만 원 있는 A 사업자와 2,000만 원 근로소득이 있으면서 해외구매대 행업으로 4,000만 원 소득이 있는 B 사업자가 있다고 생각해보자. 둘 다 해외구매대행업으로 4,000만 원을 벌었지만, A 사업자는 종합소 득세 세율구간이 15%(12,000,000원 초과 46,000,000원 이하 구간)에 해당하 고 B 사업자는 근로소득과 사업소득을 합하였을 때 종합소득세 세율 구간이 24%(46,000,000원 초과 88,000,000원 이하 구간)에 해당하여 해외구 매대행업으로 벌어들인 소득은 A 사업자, B 사업자 모두 4,000만 원 으로 같지만, B 사업자가 해외구매대행업 소득에 대해 더 많은 세금 을 부담하게 된다. 실제로 해외구매대행업을 하시는 사업자분들의 종 합소득세 신고 대리를 해보면, 고소득자이면서 투잡으로 해외구매대행 업을 하시는 분들도 자주 보게 된다. 이런 분들의 경우에는 기본적으 로 세율구간이 높은 편에 속하기 때문에 해외구매대행업으로 벌어들 인 소득에 대해서 높은 세율을 부담하는 경우가 많다. 이런 상황에 있 는 사업자 중에서 '다른 사업자와 비슷하게 번 것 같은데 왜 나만 세금 이 많이 나오지?'라고 의문을 가지고 질문 주시는 분들이 계시는데, 이 러한 누진구조에 따라 세금 차이가 있다는 점을 알아두면 이해가 가 능할 것이다.

법인세는 법인이 벌어들인 소득에 부과하는 세금이다. 사업연도마 다 법인에 귀속되는 각사업연도소득에 대하여 이월결손금과 비과세소 득, 소득공제를 차감해 과세표준을 산출하여 법인세율을 곱하여 산출세액을 계산한다. 이후 세액감면공제가 있다면 차감하고 가산세가 있다면 가산하여 납부할 세액을 계산하게 된다. 법인세법상 소득인 각사업연도소득은 기본적으로 결산서상 당기순손익에서 회계와 세법 간의 차이에 대한 조정인 세무조정을 하여 산출하게 된다. 법인세의 계산은 세무조정 등 세법적인 전문지식이 많이 필요로 하고 복식부기장부를 작성해야 하므로 반드시 회계사나 세무사에게 맡겨서 세금신고를 해야 한다.

2023년 1월 이후 개시하는 사업연도의 법인세율은 9%~24%로 종합소득세율보다 세율 관점에서는 부담이 훨씬 적다. 실무적으로는 장부를 맡아보면 많지는 않으나 법인사업자로 해외구매대행업을 하시는 분들도 있다. 하지만, 법인사업자가 개인사업자보다 더 어렵고 불편한 것도 있으니 해외구매대행업 사업자를 한다면 법인사업자가 좋을지 개인사업자를 해야 하는지에 대해서는 신중하게 선택해야 한다.[*]

⑶ 종합소득세와 법인세는 부가가치세와는 어떤 게 다를까?

사업을 시작한 지 얼마 되지 않은 사업자분들이 가장 많이 헷갈리는 부분이 바로 종합소득세 또는 법인세와 부가가치세의 차이다. 앞서 설명한 바와 같이 부가가치세는 부가가치를 창출한 것에 대한 대가로서 세금을 납부하는 것이며, 종합소득세 및 법인세는 과세기간 동안 벌어들인 소득에 대해서 납부하는 세금이다. 부가가치세 신고는 벌

---

[*] 자세한 내용은 3장 "개인사업자 법인사업자, 세금 관점에서 어떤 게 더 유리할까?"를 참고.

어들인 소득에 부과하는 세금이 아니므로 소득 산정에 필요한 자료가 아닌 부가가치세가 발생하는 매출과 매입에 대한 자료만 있으면 된다.

사업자분들이 대표적으로 가장 헷갈리시는 부분이 '인건비'다. 인건비는 부가가치세가 발생하지 않는 항목인데, 부가가치세 신고 자료를 요청하면 인건비도 반영해달라고 제출하시는 경우가 종종 있다. 인건비로 지출한 금액은 소득을 산정할 때 경비로 인정받을 수 있는 항목이기 때문에 종합소득세, 법인세를 산출할 때 필요하다. 그 외에도 이자비용, 감가상각비도 부가가치세 항목이 아니므로 회계사무소와 소통할 때 알아두면 좋다.

📖 실무상 중요한 TIP!

(1) 간이과세자도 적격증빙을 잘 받아두자.

종합소득세 신고 기간에 나를 찾아온 간이과세 개인사업자 A는 종합소득세를 계산하여보니 매우 많은 세금이 산출되었다. 검토해 보니 개인사업자 A가 실수한 부분이 있었다. 간이과세자이기 때문에 물건을 매입하면서 현금으로 계좌이체 후 적격증빙을 받지 않았다는 것이다. 간이과세자이기 때문에 별생각 없이 종합소득세도 적게 나올 것으로 판단한 것이다. 매입과 관련하여 적격증빙을 수취하지 않고 단순히 계좌이체만 하는 경우, 부가가치세 매입세액 공제뿐만 아니라 비용으로 인정받기 어렵다. 부가가치세와 종합소득세는 전혀 다른 세목인데 이것을 몰라 많은 세금을 부담할 수밖에 없었다. 가끔 부가가치세법상 면세사업자는 세금이 아예 없는 것인지 아닌지 물어보시는 분들도 계시는데, 면세사업자는 부가가치세법상 면세라는 것이므로 벌어들인 소득에 대해서는 똑같이 종합소득세 납부 의무가 발생한다. 부가가치세와 종합소득세 또는 법인세는 전혀 다른 세금이라는 것을 알아두자.

(2) 인건비는 부가가치세 대상이 아닙니다.

지난 부가가치세 신고 기간 일반과세 사업자 B는 납부고지서를 보고 본인이 생각했던 세금보다 너무 많이 나왔다며 이렇게 물어보셨다.

"부가가치세를 이 정도 납부할 정도로 많이 벌지는 않았습니다. 혹시 인건비 지출한 금액이 많은데 반영이 안 된 게 아닐까요?"

인건비는 대표적으로 부가가치세가 발생하는 항목이 아니기 때문에 인건비로 지출한 금액은 부가가치세 계산 시 고려되지 않는다. 인건비는 종합소득세 및 법인세 신고 시 제대로 된 원천세 신고를 한다면 비용으로서 처리하는 항목이다. 인건비는 부가가치세 계산에 들어가는 항목이 아니라는 것을 알아두자.

(3) 부가가치세법상 적격증빙 3가지는 꼭 기억해두자!

부가가치세법상 매입으로 인정받아 매입세액 공제를 받기 위해서는 반드시 적격증빙을 수취해야 한다. 적격증빙은 세법과 국세청에서 정식으로 인정하는 증빙으로 세금계산서, 현금영수증, 카드매출전표를 말한다. 세금계산서는 최근에는 전산이 발달하여 대부분 전자세금계산서를 발급하지만, 수기로 발급하는 종이세금계산서도 가능하다. 현금영수증은 소득공제용과 지출증빙용 두 가지로 발급이 가능한데, 부가가치세법상 매입세액 공제를 받기 위해서는 소득공제용이 아닌 지출증빙용으로 발급받으면 된다. 카드매출전표는 신용카드, 체크카드 등 모든 카드의 매출전표를 말한다. 세금계산서와 동일한 역할을 하게 되는데, 사업자의 경우 홈택스에 사업용 카드를 등록하면 자동으로 사용 금액이 집계되므로 홈택스에 사업자 카드를 등록해두어야 한다.

2
해외 구매 대행업 매출은
언제 인식해야 하나?

—

　만약 아래와 같은 거래가 발생한다면 이 거래에서 발생한 매출

은 2023년도에 발생한 매출일까? 2024년도에 발생한 매출일까?

> [거래내역]
> 주문일: 2023년 12월 18일
> 물건발송: 2023년도 12월 26일
> 고객수령: 2023년도 12월 28일
> 구매확정: 2023년도 12월 31일
> 대금정산: 2024년도 01월 03일

　만약 위 거래에서 주문일부터 구매확정일 중 하나를 매출의 인

식시기로 본다면 2023년도 매출이 될 것이고, 대금정산일을 매출의

인식시기로 본다면 2024년도의 매출이 될 것이다. 이 판단은 매우 중요하다. 왜냐하면, 세금의 귀속시기와 관련이 있기 때문이다. 쉽게 설명해서, 2023년도 매출이면 2023년도 세금신고 시 신고를 해야 할 것이고, 2024년도 매출이면 2024년도 세금신고 시 이를 반영하여야 오류가 없다.

📑 부가가치세법상 매출의 인식 시기

매출을 언제로 인식해야 하는지는 부가가치세법에서 '공급시기'를 의미한다. 공급시기란 재화 또는 용역의 공급이 언제 발생되었는지를 결정하는 기준을 의미한다. 그렇다면, 부가가치세법상 해외구매대행업의 공급시기는 언제로 보아야 할까? 정답은 구매확정일이다. 부가가치세법에 따르면 온라인 쇼핑몰을 통하여 고객에게 재화를 공급하는 경우 일반적으로 재화의 공급시기는 인도일이지만, 개별 약관에 따라 동의조건이나 기한이 지나 판매가 확정되는 경우에는 고객이 구매를 확정되는 때를 공급시기로 본다. 따라서, 위의 거래내역에서 공급시기는 대금정산일인 2024년도가 아니라 구매확정이 일어난 2023년도의 매출로 인식을 해야 한다. 실제로 강의를 할 때 이 부분에 대해서 문제를 내면 돈을 받은 날인 대금정산일을 매출이 일어난 날로 생각하시는 사업자가 대다수일 정도로 많다.

📖 그렇다면 매출을 언제 인식하는지가 왜 중요할까?

부가가치세 신고 시기만 되면 이런 질문을 주시는 사업자가 많다.

"회계사님! 스마트스토어 매출과 부가가치세 신고를 한 매출이 차이가 너무 큰 것 같습니다. 저는 엄청 많이 판매를 한 것 같은데, 부가가치세 신고를 한 매출은 왜 더 작은 걸까요?"

스마트스토어, 쿠팡 등과 같은 오픈마켓 플랫폼에서 나와 있는 판매금액은 총판매금액이므로 부가가치세 신고 시 사업자가 신고하는 해외구매대행 순매출과 차이가 나는 이유도 물론 있다. 하지만, 그 외에도 12월에 주문이 폭발적으로 발생하였고, 대부분 다음 연도 1월에 구매확정이 일어났다면 차이가 크게 발생할 수 있는 것이다. 사장님이 느끼기에는 매출이 많다고 느끼겠지만, 실제 그 매출은 이번에 세금을 신고하는 매출이 아니라 다음해에 신고를 해야 하는 매출이기 때문이다. 매출을 언제로 하는지에 따라 납부해야 할 세금도 달라지며, 과세유형의 전환, 복식부기 장부작성 기준 판단 등도 달라질 수 있기 때문에 매출의 인식시기는 매우 중요하다.

📖 실무상 중요한 TIP!

매년 1월 부가가치세 신고 기간이면 공급시기에 따른 혼란이 일부 사업자에게 발생한다. 부가가치세를 신고 납부하기 위해서 국세청에서 총판매금액을 조회하여 보니 금액이 없는 사업자가 그렇다.

매출이 없는 것으로 나오는데 어떻게 된 걸까? 앞서 언급한 바와 같이 오픈마켓에서 거래가 일어나는 경우 주문을 받고 해당 상품이 고객에게 인도되어 고객이 구매확정을 한 때를 공급시기로 보고 있다. 연말에 사업자를 내신 분들은 12월에 판매가 있더라도 다음 연도 1월에 고객이 구매확정을 한 경우 실적이 없는 것으로 나올 수도 있다. 이런 경우는 불안해하지 말고 무실적으로 신고하면 된다. 매출의 인식시기에 따른 기간 귀속의 차이일 뿐이므로, 매출에 대응하는 12월 말 사용한 해외카드 사용내역은 다음 과세기간에 합산해서 순매출을 계산해서 신고하면 될 것이다. 간혹 셀프로 부가가치세 신고를 하시는 해외구매대행 사업자분들 중 마진율계산기라 해서 매출이 발생할 때마다 기록한 엑셀 파일로 부가가치세 신고를 하는 경우가 있는데, 이때 본인이 마진율계산기에 기록한 매출은 고객으로부터 주문을 받은 날로 기록되기 때문에 마진율계산기로 계산된 순매출은 부가가치세법상 공급시기의 차이로 인하여 정확한 세금신고가 되지 않으므로 주의하여야 한다.

실제로 올해 1월, 사업자 한 분과 공급시기와 관련된 상담 요청이 있어 상담을 해드린 적이 있다. 본인이 마진율계산기로 해외구매대행 순매출을 계산했더니 4천만 원이 나오는데 국세청 총판매금액 집계자료로 계산하면 약 5천만 원이 나와서 어떻게 신고를 해야 하는지 문의를 주셨다. 현행 세법에서는 간이과세자이면서 매출이 4,800만 원 미만이면 부가가치세 납부 의무가 면제되기 때문에 매

출이 5천만 원이 되는지 4,800만 원이 되는지에 따라 작지만 부가
가치세가 발생할 수도 있고, 납부가 면제될 수도 있는 케이스였다.
결국 정확하게 검토하여 5천만 원 가량으로 매출을 신고 후 부가가
치세를 납부하도록 안내해드렸다. 만약 공급시기에 따라 8천만 원
전후로 갈라진다면, 공급시기를 어떻게 볼지에 따라서 간이과세자
가 배제될 수도 있으므로 이러한 판단은 중요하다.

어쩌면 매출을 언제 인식해야 하는지 공급시기에 대해서는 한
번도 생각을 해본 적이 없는 사업자가 많을 것이다. 그리고 해외구
매대행 사업을 함에 있어 공급시기를 잘 모른다고 하여도 사업을 하
는 데 있어 큰 문제는 없다. 그러나 매출이 커지면 커질수록 공급시
기에 대해서 몰라서 발생하는 오류는 생각보다 리스크가 매우 크기
때문에, 해외구매대행업 매출은 구매확정일 기준으로 인식한다는
사실을 꼭 기억해두자.

3

간이과세자와 일반과세자의 납부세액, 어떤 게 더 유리한가?

해외구매대행 사업자가 사업을 시작하면서 나에게 많이 물어보시는 질문 중 하나는 '부가가치세법상 간이과세자가 유리할지? 일반과세자가 유리할지?'이다. 이러한 질문을 주시는 사업자와 이야기를 나누어보면 대부분은 간이과세자가 일반과세자보다 세금을 적게 내기 때문에 무조건 간이과세자가 유리하다고 알고 계시는 경우가 많다. 납부세액 관점에서만 본다면 간이과세자가 일반과세자보다 부가가치세를 적게 부담하는 건 사실이다. 그렇다면, 무조건 간이과세자가 일반과세자보다 유리한 걸까? 일반과세자를 선택하는게 더 유리한 경우는 과연 없을까?

간이과세자와 일반과세자는 무엇이 다를까?

　개인사업자가 사업자등록을 할 때 간이과세자와 일반과세자 둘 중 하나를 선택할 수 있다. 따라서, 간이과세자와 일반과세자 중 어떤 것이 더 사업에 유리한지 잘 알고 있어야 나에게 유리한 선택을 할 수 있다. 그렇다면, 간이과세자와 일반과세자는 어떤 부분에서 차이가 있을까?

　가장 차이가 크게 나는 부분은 부가가치세율이다. 일반과세자의 부가가치세율은 10%이지만, 간이과세자의 경우 10%에 업종별 부가가치율을 곱하여 부가가치세를 부담하도록 하고 있다. 업종별 부가가치율은 업종에 따라 최소 15%에서 최대 40%이기 때문에, 여기에 10%를 곱해보면, 간이과세자의 경우 부가가치세율은 최소 1.5%에서 최대 4%가 된다. 해외구매대행업의 경우 업종별 부가가치율이 15%이므로 해외구매대행업을 하는 간이과세자의 경우 부가가치세율은 1.5%가 적용된다. 일반과세자가 10%라는 점에서 비교해보면 무려 약 6.6배 정도나 차이가 나므로 부가가치세 세금 부담 관점에서 본다면 큰 차이라 할 수 있다.

　두 번째 차이는 부가가치세 매입세액 환급 여부다. 일반과세자의 경우 매출보다 매입이 더 크면 매입세액에 대해서 환급을 받을 수 있다. 그러나 간이과세자의 경우 매입세액에 대한 환급을 받을 수 없다. 예를 들어, 사업 초기에는 매출이 얼마 발생하지 않지만, 컴퓨터나 각종 집기 비품 등을 매입하여 매입이 더 많을 수 있다. 이 경우 일반과세자는 매출에서 발생한 부가가치세인 매출세액을 초과한 매입세액에 대해서는 환급받을 수 있지만, 간이과세자는 환급받을 수 없다.

세 번째는 세금계산서 발급 가능 여부다. 일반과세자의 경우 매출액과 상관없이 세금계산서 발급이 가능하다. 그러나, 간이과세자의 경우에는 매출 규모에 따라 세금계산서 발급이 가능할 수도 있고, 불가능할 수도 있다. 과거에는 간이과세자의 경우 세금계산서 발급이 불가능했으나, 세법 개정으로 2021년 7월 이후에는 간이과세자라 하더라도 직전 연도 연 매출이 4,800만 원 이상 8,000만 원 미만인 간이과세자라면 세금계산서 발급이 가능해졌다. 해외구매대행업을 하다 보면 공공기관이나 다른 기업체로부터 스마트스토어 등 온라인 오픈마켓이 아니라 직접 해외구매대행 주문이 들어오는 때도 있다. 이 경우에 세금계산서를 발급해달라고 요청하는데, 간이과세자이면서 세금계산서 발급이 안 되는 경우 거래에 어려움이 생길 수도 있다.

네 번째 차이점은, 일반과세자는 연 2회 부가가치세를 신고 납부해야 하지만 간이과세자는 연 1회 부가가치세를 신고 납부해야 한다. 일반과세자는 1월과 7월에 2회 신고 납부를 하게 되지만 간이과세자라면 1월에 1회만 신고, 납부하기 때문에 일반과세자보다 신고에 대한 부담도 적다. 그 밖에 간이과세자는 직전 연도 매출이 4,800만 원 미만이라면 납부세액이 있어도 납부의무가 면제되지만,

일반과세자는 세액이 적어도 납부해야 한다는 점에서 차이가 있다.

[일반과세와 간이과세자 차이점(요약)]

구분	일반과세자	간이과세자
부가가치세율	모든 업종 10%	업종별 : 1.5 ~ 4% 해외구매대행업: 1.5%
매입세액 환급	가능	불가
세금계산서 발급	가능	불가 단, 직전 연도 매출 4,800 만 원 ~ 8,000만 원 미만 간이과세자는 가능
부가가치세 신고	연 2회	연 1회
부가가치세 납부 의무 면제	없음	직전 연도 매출 4,800만 원 미만이면 면제

📖 간이과세자와 일반과세자 어떤 것을 선택해야 할까?

지난해 해외구매대행 사업을 계획 중인 사업자가 사업자등록 전 상담을 위해서 사무실로 찾아왔었다. 사업자와 자세한 상담을 해보니 해외구매대행업과 역직구라고 할 수 있는 수출업을 같이 하려 준비하고 있었는데 초기 비용이 생각보다 많이 발생할 것으로 예상되었다. 사업을 제대로 해보고자 최근 작은 사무실도 임대로 계약했고 집기 비품과 사무실 인테리어까지 간단하게 하는데, 3천만 원 정도가 발생할 것으로 예상되었고, 사업에 사용할 차량으로 부가가치세법상 매입세액공제가 가능한 9인승 카니발 차량도 알아보고 구매할 예정이 있었다. 이러한 초기 비용이 발생한 경우를 검토한 결과 일반과세자로 사업자를 시작한다면 약 800만 원가량 매입세액에 대한 환급을 받을 수 있었다. 이후에 매출도 상당히 발생할 것으로 예상이 되어 이 사업자의 경우 상담 후 사업자는 처음부터 일반과세자로 사업자등록을 진행하기로 하였다. 만약 이 사업자가 세무전문가와 상담받지 않고, 무조건 간이과세자가 유리하다고 판단하여 간이과세자로 사업자를 냈다면 돌려받을 수 있는 800만 원 정도의 부가가치세를 받지 못하였을 것이다. 이처럼 처음 사업자를 낸다고 무조건 간이과세자가 유리한 것은 아니다. 간이과세자의 경우 기본적으로 부가가치세 부담 측면에서 일반과세자보다 더 유리하며, 신고 납부 의무도 일반과세자보다 작아서 부담이 더 작은 건 사실이다. 그러나 간이과세자를 선택하는 게 더 유리한지 일반과세자를 선택하는 게 더 유리할지는 사업자의 상황에 따라 다르게 선택해야 한다. 따라서, 앞으로 발생할 매출 규모나 초기 매입 여부 등을 종합적으로 고려할 수 있는 세무전문가에게 도움을 구하는 게 현명하다.

📋 실무상 중요한 TIP!

⑴ 매출 요건만 충족하면 무조건 간이과세자가 될 수 있을까?

한번은 사업자분께서 상담을 오셔서 "회계사님, 사업자등록 시에 간이과세자를 선택할 수 있는 것으로 알고 있는데, 제 경우에는 간이과세자를 선택할 수 없는 것 같습니다"라고 말씀하셨다. 왜 그런지 살펴보니 이분은 이미 사업 중인 일반과세자 사업장이 있었는데 신규로 다른 사업을 하기 위해서 사업자를 추가로 하나 더 내시려고 하는 상황이었다. 사업 중인 기존사업장이 있고 일반과세자라면 동일한 대표자가 사업자를 내면 간이과세자가 될 수 없다. 이 사업자처럼 신규로 사업자등록을 하거나 매출 요건을 충족하더라도 간이과세자가 될 수 없는 때도 있다.

먼저, 앞서 살펴본 것처럼 일반과세가 적용되는 다른 사업장을 보유하고 있는 경우다. 이 경우에는 추가로 사업자를 내더라도 간이과세자가 될 수 없다. 두 번째는 간이과세자 배제업종을 영위하고 있는 경우다. 대표적으로 나와 같은 전문직을 하는 사업자 등이 있다. 해외구매대행업의 경우에는 여기에 해당하지는 않으므로, 다른 요건만 충족한다면 간이과세자를 낼 수 있다. 세 번째는 사업장 소재지가 간이과세에서 배제되는 지역에 해당되는 경우다. 사업장 소재지에 따라서 간이과세를 못 내도록 설정한 지역의 경우에는 간이과세자를 낼 수가 없다. 예를 들어, 시내에 다른 사업자 모두 간이과세자 매출 이상으로 매출이 크게 발생하는 지역의 경우 처음부터 간이과세자를 내지 못하도록 지정하는 경우가 있다. 이런 지역에 사업자등록을 한다면 간이과세자 신청이 어려울 수 있다. 그 밖에도 일반과세자로부터 사업을 포괄양수도를 받은 경우에도 간이과세자가 될 수 없으며, 개인이 아닌 법인사업자도 간이과세자가 될 수 없다.

⑵ 하반기 이후 사업자등록을 하는 경우 일반과세자 전환의 판단

하반기 이후 사업자등록을 한다면 더욱더 간이과세자와 일반과세자 선택을 신중히 해야 한다. 간이과세자에서 일반과세자로 전환되는 매출 기준인 8,000만 원은 1년간 벌어들인 소득을 기준으로 하는데, 사업자등록을 한 지 1년이 안 되는 사업자의 경우에는 발생한 매출을 1년으로 환산하여 계산하여 이를 판단한다. 예를 들어, 11월 1일에 개인사업자를 냈다면 11~12월, 2개월의 매출만 발생했으므로, 2개월 매출의 합계가 8,000만 원을 넘는지로 생각하기 쉽다. 그러나, 11월에 개업한 사업자의 일반과세자 전환의 판단은 11월, 12월, 2개월 동안의 매출이 아닌 2개월간 발생한 매출을 1년(12개월)으로 환산하여 판단한다. 만약 11월 1일에 개업하였는데, 매출이 11월, 12월에 2,000만 원이 발생하였다면 1년(12개월)으로 환산 시 1억 2,000만 원이 되므로 간이과세자가 되지 않는 것이다. 따라서, 하반기에 얼마 되지 않는 기간 동안 매출이 8,000만 원이 안 될 것으로 예상하고 간이과세자로 사업자를 등록하였을 때 연 환산 매출 금액이 8,000만 원을 넘기게 된다면, 부가가치세 환급도 못 받고 일반과세자로 전환될 수도 있다.

⑶ 과세유형 전환 시기 및 간이과세 포기

최초 사업자등록 시 간이과세자나 일반과세자를 선택하고 하면 영원히 그렇게 되는 걸까? 그렇지 않다. 직전년도 매출에 따라서 간이과세자와 일반과세자의 유형은 변경되게 된다. 간이과세자가 직전년도 매출이 8천만 원 이상이 될 때 일반과세자로 전환이 되며, 일반과세자가 직전년도 매출이 8천 원 미만이 될 때도 간이과세자로 전환된다. 과세유형은 다음연도 7월 1일부터 자동으로 전환되며, 전환을 별도로 신청할 필요는 없다. 간이과세자로 사업을 하다가 매입이 많아지거나, 세금계산서 발급이 어려운 이유 등으로 사업에 불편이 있을 경우 매출과 상관없이 간이과세를 포기할 수도 있다. 간이과세자를 포기하고 일반과세자가 되려면 일반과세자가 되고 싶은 달의 전 달 마지막 날까지 세무서에 관련 서식을 제출하면 된다. 다만, 간이과세 포기의 경우 한 번 변경하고 난 다음 3년 동안은 재변경이 불가능하므로 신중하게 결정해야 한다.

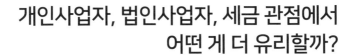

개인사업자, 법인사업자, 세금 관점에서
어떤 게 더 유리할까?

회계사 일을 하면서 만나는 사업자에게 개인사업자와 법인사업자의 차이에 관해 물어보면, 대부분은 법인사업자가 더 세금을 적게 내서 무조건 법인사업자가 개인사업자보다 유리한 것으로 알고 있다고 말씀하신다. 물론 세율적인 측면에서는 법인사업자가 개인사업자보다 유리한 건 사실이다. 그렇다면, 개인사업자보다 법인사업자를 하는 것이 무조건 더 사업에 유리할까?

📖 법인사업자가 개인사업자보다 무조건 유리할까?

만약 법인사업자가 개인사업자보다 무조건 더 유리하면, 상식적으로 생각했을 때 모든 사업자는 법인사업자로 시작을 할 것이므로, 개인사업자는 존재하지 않아야 한다. 하지만, 실제로는 개인사업자가 법인사업자 훨씬 더 많다. 국세통계포털에 따르면 2022년도 말 기준 가동사업자 수는 약 968만 명이며, 그중에서 개인사업자는 843만 명이다.* 법인사업자는 125만 명 정도로 전체의 약 12.9%밖에 되지 않는다. 분명히, 세율적인 측면에서 본다면 법인사업자가 유리한데도 불구하고 개인사업자가 훨씬 더 많은 이유는 무엇일까?

개인사업자와 법인사업자는 여러 가지 측면에서 차이가 있다. 가장 대표적인 차이는 적용 종합소득세와 법인세에 대한 세율이 다르다는 것이다. 개인사업자는 종합소득세율을 적용하고, 법인은 법인세율을 적용받는다. 현재 종합소득세율은 6%~45%이며, 법인세율은 9~24%이다. 최대세율끼리 비교한다면, 21%나 차이가 발생한다. 다음으로 큰 차이는 자금의 사용이다. 개인사업자는 사업용 계좌에 있는 자금 사용에 제약이 없지만, 법인사업자는 그렇지 않다. 예를 들어, 개인사업자의 경우 개인사업자 통장에 있는 돈을 자유롭게 인출해서 사용이 가능하지만, 법인사업자의 경우 법인사업자 통장에 있는 돈을 인출해서 마음대로 사용하게 되면 대표이사 가지급금으로 처리되어 회사에 갚아야 하는 돈이 된다. 100% 지분을 가지고 있는 법인이라 하더라도 나와 법인은 별도의 인격체로 간주하기 때문에, 법인의 돈 역시 나의 돈과 분리해 취급된다.

한편 대출이나 투자와 같은 관점에서 비교한다면 법인사업자가 개

---

* 국세통계포털, 가동사업자 현황(https://tasis.nts.go.kr/websquare/websquare.html?w2xPath=/cm/index.xml)

인사업자보다 유리하다. 기본적으로 은행에서 대출해주거나 외부에서 투자할 때는 개인사업자보다 법인사업자를 더 선호하거나 우선시하기 때문이다. 법인사업자와 개인사업자는 장부 작성 의무도 다른데, 개인사업자는 규모에 따라 간편하게 장부를 작성할 수 있는 간편장부를 작성해도 되지만 법인사업자의 경우에는 매출 규모와 상관없이 무조건 복식부기 장부를 작성해야 한다. 만약 법인사업자가 이를 따르지 않으면 가산세 부과 등의 불이익을 받을 수 있다. 그 외에도 개인사업자는 부가가치세법상 간이과세자를 선택할 수 있지만, 법인사업자는 간이과세자가 될 수 없다.

해외구매대행 사업자의 경우에도 실무적으로는 개인사업자 비율이 법인사업자 비율보다 훨씬 높은 편이다. 비록 종합소득세나 법인세의 측면에서 본다면 법인사업자가 유리한 면도 있지만, 앞서 살펴본 바와 같이 자금의 사용 측면이나 간이과세자를 선택할 수 있는 개인사업자가 더 유리한 면이 있기 때문이다. 하지만, 매출의 규모가 커지거나 외부와의 계약이 많아지는 등의 경우에는 법인사업자가 개인사업자보다 유리한 때도 있으니, 상황에 맞게 사업자를 선택해야 한다.

[개인사업자 vs 법인사업자 요약]

구분	개인사업자	법인사업자
세율	불리(6%~45%)	유리(9%~24%)
자금사용	유리	불리
대출/투자/계약	불리	유리
간이과세 가능여부	가능	불가

🖱 개인사업자에서 법인사업자로의 전환

그렇다면, 개인사업자를 선택하면 영원히 개인사업자로만 지내야 하는 걸까? 그렇지 않다. 개인사업자로 사업을 하다가 법인사업자가 되어야겠다고 판단이 든다면 법인으로 변경하는 절차인 '법인전환'이 가능하다. 법인전환이란 개인사업자가 법인사업자로 전환되는 것을 말한다. 개인사업자에서 법인사업자로 전환하는 것에는 여러 가지 방법이 있는데, 가장 간단한 방법은 개인사업자를 폐업하고 법인사업자를 신설하는 것이다. 비용이 적게 들고 절차가 간단하지만, 이 방법은 개인사업자로 사업을 하면서 온라인쇼핑몰에 쌓여있던 고객리뷰 등과 같은 부분을 들고 오지 못하는 단점이 있다. 다른 방법으로는 포괄양수도에 의한 법인전환 방법이 있다. 개인사업자가 폐업되고 법인사업자가 신설되는 것은 같지만 포괄양수도에 의한 방법으로 법인전환을 하게 되면 고객리뷰 등과 같은 부분을 모두 가지고 올 수 있으며, 매출 규모에 따라 영업권 평가를 해서 법인으로부터 절세효과를 보면서 법인전환을 할 수도 있다. 그밖에 현물출자에 의한 법인전환 등의 방법도 있다. 영업권 평가 등을 수반하는 개인사업자에서 법인으로 전환은 세무전문가의 도움을 받아서 진행하여야 한다.

어느 시점이면 개인사업자에서 법인사업자로 전환하는 것을 고려해 보아야 할까? 법인전환의 시기에 대해서는 정답은 없지만, 일반적으로 성실신고 대상자가 되는 경우, 연간 순이익이 1~2억 원 이상 넘어가는 시기에 법인전환을 고려한다. 해외구매대행업의 경우 연간 순이익이 1~2억 원 이상 넘어가서 법인전환이 되기보다는, 해외구매대행을 하다가 다른 업종을 추가하여 매출이 늘어나 법인으로 전환하거나 외부와의 거래가 많아져 개인사업자보다 법인사업자로 전환의 필요성을 느낄 때 법인으로 전환하는 경우가 더 많다. 법인전환은 세금적인 측면과 아울러 사업자의 현재 상황을 종합적으로 검토해서 진행해야 한다.

📖 실무상 중요한 TIP!

(1) 법인사업자는 대표이사 급여도 비용 처리 가능

법인사업자는 개인사업자와 다르게 대표자 본인의 급여도 비용 처리가 가능하다. 비록 내 회사이지만, 법인은 별도의 인격체이므로 내가 대표이사라 하더라도 법인에 속해있는 직원처럼 보기 때문이다. 따라서, 법인사업자라면 대표이사 급여를 얼마로 설정할지 결정할 수 있는데, 이 금액에 따라서 비용으로 처리할 수 있는 금액도 달라지고 대표이사에게 부과되는 건강보험료 등도 달라진다. 따라서, 법인사업자라면 대표이사 급여를 얼마로 설정하는 게 유리할지 세무전문가에게 조언을 구하자.

(2) 대표이사 가지급금 관련

법인사업자의 경우 법인 통장에서 현금의 지출은 있었지만, 그 거래내용이 불분명한 경우에 대표이사 등이 개인적으로 사용한 것으로 보는데, 이를 대표이사 가지급금이라고 한다. 이러한 거래는 회사의 자금사정을 악화시키고, 무이자나 저리로 법인의 자금을 대표이사가 마음대로 사용하는 특혜를 받는 것으로 세법상 엄격하게 규제하고 있다. 대표이사 가지급금에 대해서는 법인과 대표이사 모두에게 불이익을 준다. 법인은 지급이자비용 불인정, 가지급금 인정이자 수익처리로 법인세 부담액이 높아지고 대표이사는 인정이자에 대한 상여 처리로 종합소득세 부담이 높아진다. 간단하게 설명하면, 대표이사 가지급금에 대해서 법정이자율을 부과하는데 대표이사가 법인에게 이 금액을 지급하지 않는 경우 대표이사에게 상여 처리된 것으로 보고 대표이사의 종합소득세가 높아지고, 법인의 경우 이자수익만큼 더 수익이 발생하여 법인세 부담이 높아지게 된다.

실무적으로 살펴보면 개인사업자를 오래 하다가 법인사업자로 전환된 사장님들의 경우 법인에 있는 자금을 개인사업자와 마찬가지로 다소 자유롭게 쓰는 경향이 있다. 이렇게 되는 경우, 앞서 살펴본 바와 같이 법인사업자로 전환에 따라 더 많은 세부담이 발생할 수도 있다. 따라서, 법인으로 전환해야 하는 시점이 온다면 법인사업자와 개인사업자의 차이에 대해서 반드시 이해하고 사업자 본인의 마인드도 같이 전환하는 노력이 필요하다.

5

카드 한도가 부족하여 부모님 카드를 사용해야 하는데, 비용처리 할 수 있나?

해외구매대행업 사업자분들 중에서는 대학생, 사회초년생, 가정주부인 사업자도 있다. 이러한 사업자들의 공통적인 이슈 사항이 있는데 그것은 구매대행에 사용할 신용카드가 없거나 신용카드가 있어도 사용 한도가 넉넉하지 않다는 것이다. 사업을 꾸준히 열심히 하다 보니 점차 주문 건수는 늘어나는데, 현재 본인 명의 신용카드가 없거나 신용카드 한도가 작아서 금방 한도가 다 차면 매입을 할 수가 없어서 더 이상 구매대행을 할 수가 없다. 주문이 들어와도 매입할 수가 없어서 주문을 더는 처리할 수 없는 상황에 마주치게 되는 것이다. 추후 매출이 계속해서 상승하여 소득이 증가하면 신용카드 한도가 점점 늘어나 이러한 부분은 자연스럽게 해결이 되겠지만, 지금 이 문제를 해결해야 하는데 이러한 경우에 가족 명의 신용카드 혹은 종업원의 신용카드를 빌려서 사용하기도 한다. 이 경우 비용처리는 가능할까?

가족, 종업원 명의의 카드는 경비처리가 가능하다

결론부터 말하자면, 개인사업자나 법인사업자 모두 가족 명의나 종업원 명의의 카드를 사용하더라도 경비 처리가 가능하다. 또한, 부가가치세법상 매입세액공제 대상이라면 매출세액에서 매입세액 공제도 가능하다. 단, 해당 비용이 사업상 목적으로 사용되었음을 입증할 수 있어야 한다. 사업과 무관하게 사용된 비용이라면 경비 처리가 어렵다.

실무적으로 보면 가족카드 외 종업원 명의의 카드를 사용하는 때도 종종 있다. 예를 들어, 회사에서는 종업원이 출장, 야근 등의 사유로 종업원 개인카드로 지출하고 회사에 카드 영수증과 지출결의서 등을 작성해서 청구하는 경우다. 이 경우 직원이 사용한 카드 영수증과 지출결의서 등을 회사에 제출한 뒤 그 금액을 직원에게 정산해주게 되는데, 이러한 금액은 사업과 관련하여 사용된 비용이라면 회사에서 경비 처리가 가능하게 된다.

그렇다면 가족도 아니고 종업원도 아닌 제3자인 타인 명의의 카드로 결제 시에는 비용처리가 가능할까? 이 경우에는 사업상 비용으로 인정받기 어려우므로 비용처리나 매입세액공제가 어렵다. 따라서, 경비 처리를 위해서라면 제3자인 타인 명의의 카드는 가능하다면 사용해서는 안 된다.

🗂 가족 혹은 종업원 명의 카드 사용 시 주의사항

가족 명의 카드나 종업원 개인카드를 사용하고 경비 처리를 하는 경우 주의해야 할 것이 있다. 바로 연말정산 시 중복공제가 되지 않도록 회사 비용으로 지출한 금액은 제외해야 하는 것이다. 연말정산 시 홈택스에서 '국세청 간소화 자료'를 내려받아서 제출하게 되는데, 그 내용에는 회사에서 경비 처리한 금액 등 모든 카드 사용 내용이 포함되어 있다. 그대로 제출하게 되면 회사에서 경비로도 인정받고 본인의 신용카드 사용으로도 적용되어 중복으로 공제하게 된다. 따라서, 중복으로 공제가 되지 않도록 연말정산 시 해당 금액을 제외해야 한다.

그렇다면, 부모님이나 배우자가 종업원이 아닌 사업자면 어떻게 될까? 마찬가지로 사업과 관련된 경비가 중복으로 처리되지 않도록 주의가 필요하다. 예를 들어, 사업자인 부모님 카드를 사용할 때 내 사업장에서 경비 처리를 한다면, 부모님 사업장에서는 경비 처리가 되지 않도록 해당 거래를 부모님 사업장 카드 내용에서 제외해야 한다.

본인 명의 카드 외 가족 혹은 종업원 명의의 카드를 사용하더라도 매입세액공제나 경비 처리가 가능하지만 이에 대한 전제 조건은 모두 사업과 관련된 경비를 입증하여야 하는 것이고, 입증에 대한 책임은 모두 사업자에게 있다. 금액이 많지 않다면 크게 문제되지 않을 수도 있지만, 금액이 많거나 누적으로 금액이 쌓이면 과세 관청에서 수집, 파악하는 카드 사용 금액과 경비 처리된 금액의 차이로 인해서 확인 절차(소명 요청)를 요구받을 수 있다. 당연히 입증하지 못한다면 경비인정은 불가능하므로 꼭 사업과 관련된 지출로서 인정받을 수 있는 비용만 경비 처리되어야 한다.

📖 실무상 중요한 TIP!

⑴ 본인 명의가 아니면 경비 처리에도 시간이 많이 소요된다.

본인 명의의 카드를 사용하면 크게 문제가 없지만, 가족, 종업원 명의의 카드를 사용하면 다소 불편한 부분이 생길 수 있다. 본인 명의 카드가 아닌 타인 명의 카드는 홈택스에 카드 등록이 안 된다는 것이다. 개인사업자의 경우 홈택스에 사업용 카드를 등록하면 카드 사용 금액을 공제, 불공제 항목으로 불러와서 볼 수 있다. 또한, 간편하게 부가가치세 신고 시 매입세액공제를 받으면서 소득세 신고 시에는 경비 처리가 가능하게 되어 있다. 그러나, 본인 명의 카드가 아니라면 홈택스에 등록할 수 없으므로, 사용한 카드의 카드사에 전화하여 과세기간별 내용을 별도로 요청해서 홈택스에 하나하나 입력해야 한다. 부가가치세 매입세액공제 대상이 되는 지출이 많다면 등록되지 않은 본인 명의가 아닌 카드 사용 금액은 건건이 별도로 입력을 해줘야 하므로 번거롭고 매우 많은 시간이 소요된다. 따라서, 사업 초기 부득이한 상황을 제외하고는 가급적이면 본인 명의 카드를 발급해서 사용하도록 하자.

⑵ 가족 또는 직원 명의 카드 사용 시 영수증을 잘 확인하자.

사업과 직접적으로 관련성이 있는 지출이면 가족 또는 직원 명의 카드 사용 금액도 비용처리가 가능하다. 하지만, 아무런 영수증이나 가지고 와서 비용처리가 가능한 것은 아니므로 가족 또는 직원으로부터 영수증을 받을 때 이를 잘 확인해야 한다. 확인이 필요한 부분은 바로 영수증의 필수적 기재사항이다. 카드사용 영수증에 필수적으로 기재되어 있어야 하는 항목은 사업자등록번호, 일시, 금액이며, 때에 따라 카드번호도 필요할 수 있다. 만약 가족이나 직원으로부터 수취한 영수증에 해당 사항이 누락되어 있거나 불분명하다면 제대로 된 세무상 처리가 어려우므로 다시 한번 해당 업체로부터 정확한 정보가 기재된 영수증을 달라고 재요청해야 한다.

6
간이과세자 매출을 초과했는데
언제부터 일반과세자로 전환이 되나?

　해외구매대행업으로 사업을 처음 하면 대부분 개인사업자이면서 간이과세자로 사업자등록을 해서 사업을 시작한다. 해외구매대행업이 속해있는 통신판매업은 간이과세자 배제업종이 아니기 때문에 특별한 경우를 제외한다면 간이과세자로 사업자등록을 하는데 문제없다. 특별한 경우란, 다른 사업장이 일반과세자로 있는 경우나 간이과세자 배제지역으로 정한 곳에서 사업자등록을 하는 경우, 일반과세자의 사업장을 포괄양수도한 경우를 말한다. 최근 세법 개정으로 인하여 간이과세자의 판단 시 직전년도 매출 기준은 4,800만 원 미만에서 8,000만 원 미만으로 대폭 상향조정 되어 해외구매대행 사업자에게 매우 유리해졌다. 매출 기준이 간이과세자

기준을 초과하면 다음 해 7월 1일을 기준으로 하여 간이과세자에서 일반과세자로 유형 전환이 되며, 일반과세자인 경우에도 역시 매출이 미달하면 간이과세자로 다시 유형 전환이 될 수 있다.

📖 과세유형 전환 시 별도로 신청해야 할까? 혹은 선택도 가능할까?

매출 기준이 간이과세자 판단 기준인 직전년도 8,000만 원 이상인 경우 간이과세자에서 일반과세자로 유형 전환이 된다. 과세유형이 전환되게 되면 7월 1일 이전에 사업장의 관할 세무서로부터 과세유형전환 통지서가 교부되며 과세유형 전환을 위해서 별도의 신청이 필요하지는 않다. 매출 기준이 초과하였더라도 초과한 해의 1월 1일부터 바로 유형 전환이 되는 건 아니다. 다음 해 7월 1일을 기준으로 과세유형이 전환된다. 따라서, 1월부터 6월까지의 상반기 실적에 대해서는 부가가치세 신고 시 간이과세자의 기준을 그대로 적용받을 수 있다. 또한, 과세유형이 전환되면 과세유형 전환에 따른 부가가치세 확정 신고를 7월 25일까지 해야 한다.

간이과세자가 매출 기준을 초과하여 일반과세자로 과세유형 전환이 되는 경우 선택사항이 아닌 강제 사항이므로 사업자가 과세유형을 선택할 수 있는 것은 아니다. 그런데 만약 간이과세자가 매출 기준이 과세유형 전환 기준에 초과하지 않았음에도 불구하고 일반과세자가 될 수는 없을까? 물론 가능하다. '간이과세자 포기 신고'를 통해서 일반과세자로 유형 전환이 가능하다. 흔한 경우는 아니지만 기관 또는 기업체와의 거래가 빈번한 경우 거래 상대방은 세금계산서를 계속해서 요구하는데 세금계산서 발급을 통한 원활한 거래를 위해서 간이과세 포기 신고를 하기는 경우도 있다. 하지만 한번 간이과세 포기 신고를 하면 3년간 다시 간이과세자가 될 수 없으므로 간이과세 포기 결정은 신중하게 결정해야 한다.

🖋 신규사업자나 사업자등록증이 여러 개면 간이과세자 여부를 어떻게 판단할까?

사업자 대부분이 간이과세자를 판단하는 직전년도 매출 기준은 8,000만 원 미만이라는 것을 알고 있다. 그런데 만약 12월에 사업자등록을 한 사업자도 똑같은 기준을 적용받을까? 12월에 개업하고 12월 한 달 매출이 8천만 원 미만이라면 계속해서 간이과세자가 되는 걸까? 대부분 사업자는 매출 기준은 알고 있지만 매출 기준이 1년으로 환산된다는 규정을 잘 모르고 있다. 만약 12월에 사업자등록을 하고 매출이 1,000만 원이 나왔다면 1년으로 환산을 하면 1억 2천만 원의 매출이 되므로 일반과세자로 과세유형 전환된다. 마찬가지로 7월에 개업한 경우라면 6개월간의 매출이 4천만 원을 초과하게 되는 경우 1년 환산 시 8,000만 원을 초과하므로 다음 해 7월 1일부터 일반과세자로 과세유형이 전환되게 된다.

매년 5월, 6월이면 과세유형 전환과 관련하여 사업자들로부터 연락이 많이 온다. 올해 6월에도 몇몇 분의 사업자가 세무서로부터 과세유형 전환 통지서를 받고는 깜짝 놀라서 연락이 왔다. 만약 기중에 개업한 간이과세 사업자가 있다면 매출 판단 기준이 1년으로 환산되어 판단된다는 걸 알아두어야 한다.

해외구매대행 사업자 중 간혹 매출이 증가하여 일반과세자가 되는 것을 피하고자 사업자등록증을 하나 더 해서 매출을 분산시켜 매출 기준을 낮추려는 사업자가 있다. 하지만, 간이과세자에서 일반과세자로 전환되는 데에는 아무런 차이가 없다. 과세유형 전환을 판단함에 있어서의 매출은 사업자의 전체 사업장의 매출을 합산하여 판단하기 때문이다. 예를 들어, 매출이 8,000만 원이 넘는 사업장 1개를 가지고 있는 사업자 A와 매출이 2,000만 원 넘는 사업장 4개를 가지고 있는 사업자 B는 아무런 차이가 없다. 사업자 B의 경우 각 개별사업장의 매출은 8,000만 원이 넘지 않았지만, 모두 합산하여 8,000만 원 이상이 되었기 때문에 가지고 있는 사업장 모두가 일반과세자가 되게 된다. 따라서, 사업자등록증을 하나 더 발급받아 매출을 나누는 것은 간이과세를 유지하려는 방법이 될 수도 없고, 무의미한 일이다.

📑 실무상 중요한 TIP!

(1) 구매계획이 있다면 과세유형 전환 이후부터 구매하자.

만약 매출이 증가하여 간이과세자에서 일반과세자로 전환된다는 통지서를 받거나 일반과세자로 전환된다는 것을 알고 있다면 상반기에 비품 등을 사려는 계획을 조금만 미뤄서 일반과세자로 전환되는 7월 1일 이후 지출하는 게 좋다. 예를 들어, 6월에 지출한 비용에 대해서는 간이과세자이기 때문에 부가가치세 환급이 안 되지만, 7월 1일 이후에 지출한다면 매입세액공제를 통해 부가가치세 환급이 가능할 수도 있기 때문이다. 실제로 내가 관리하는 고객 중에서 부가가치세 공제가 가능한 경차를 사시려는 고객님이 계셨다. 내가 이 사업자가 7월부터 일반과세자로 전환이 된다는 것을 인지하고 있었기 때문에 이 부분에 대해서 조언을 드리고 7월에 구매하여 부가가치세를 환급받을 수 있었다. 만약, 별생각 없이 7월 이전에 차량을 구매했더라면, 부가가치세 몇백만 원을 환급받지 못하였을 것이다.

⑵ 간이과세자에서 일반과세자로 되는 경우 부가가치세는 미리 준비해야 한다.

간이과세자에서 일반과세자로 전환되는 경우 부가가치세 부담금액은 커진다. 실제로 간이과세자로 시작하다가 매출이 증가하여 일반과세자로 유형 전환이 된 사업자분들이 대부분이 일반과세자로 신고된 부가가치세 납부서를 처음 받으면 굉장히 놀라기도 한다. 간이과세자로 사업을 하다가 일반과세자가 되는 경우 항상 부가가치세 세금 납부에 대한 금액을 인지하고 준비하고 있어야 한다. 그렇지 않으면 6개월마다 한 번에 부과되는 부가가치세를 제때 내지 못해 체납이 발생할 수도 있고 이로 인한 신용상 불이익이 발생할 수도 있다. 일반과세자로 전환되는 경우 실제로 본인이 계산한 월 순이익에서 부가가치세 납부할 금액을 제외하고 계산하여야 실제로 벌어들인 순이익이라는 점을 꼭 기억하자.

7

고객 요청이 없어서 현금영수증을
발급하지 않았는데, 괜찮은가?

일반적으로 해외구매대행업의 대부분의 거래는 스마트스토어나 쿠팡 등과 같은 온라인 오픈마켓을 통해서 이루어진다. 온라인 오픈마켓을 통해 결제되는 경우 사업자가 별도로 현금영수증을 발급하는 경우는 발생하지 않는다. 하지만, 고객의 요청으로 별도로 개별적으로 현금 거래할 때는 현금영수증을 발급해야 하는 일이 생긴다. 이때, 사업자분들께서 현금영수증 발급과 관련하여 자주 물어보시는 질문 중 하나는 '현금영수증을 발급하려고 하는데 고객이 현금영수증을 원하지 않아서 발급하지 않아도 괜찮은지'다. 과연 고객의 요청이 없다면 현금영수증을 발급하지 않아도 아무런 문제가 없는 것일까?

🗒️ 상대방과 동의 후 현금영수증 미발행 괜찮을까?

결론부터 말하자면, 상대방의 동의 여부와 관계없이 현금영수증을 발급해야 한다. 2023년도부터 해외구매대행업[*]은 현금영수증 의무 발급 업종에 포함되었는데, 현금영수증 의무발행업종에 해당하는 사업자는 거래 건당 10만 원 이상 현금거래 시 소비자가 현금영수증 발급을 원하지 않더라도 현금영수증을 발급해야 한다. 만약, 현금영수증을 미발급한 경우 미발급한 금액의 20%라는 상당히 무거운 가산세를 내야 한다.

그렇다면 거래 건당 금액이 10만 원 미만인 경우라면 괜찮을까? 현금영수증 의무발행업종 여부와 상관없이 거래 상대방인 소비자가 현금영수증 발급을 원하는 경우라면 거래 건당 10만 원 이하라도 현금영수증 발급을 꼭 해야 하고 현금영수증 발급 여부와 상관없이 매출은 누락이 되어서 안 된다.

🗒️ 현금영수증 발급 시 주의사항

현금영수증은 홈택스에서 발급할 수 있다. 현금영수증 발급 시에는 몇 가지 주의해야 할 사항들이 있는데, 하나씩 알아보자.

(1) 자진발급 여부

상대방이 현금영수증 정보를 제공해주는 때도 있지만, 그렇지 않은

---

[*] 국세청에서 부르고 있는 정확한 명칭은 해외직구대행업(업종코드: 525105)이나 실무적으로 대부분 해외구매대행업을 사용하고 있으므로 이 책에서는 해외구매대행업으로 기재하고 있음.

경우도 있다. 상대방에게 현금영수증 발행과 관련하여 사업자등록번호 등을 제공받은 뒤 해당 정보를 입력해주면 문제가 없다. 하지만, 그렇지 않으면 어떻게 현금영수증을 발급해야 하는지 헷갈릴 수 있는데, 이때 자진발급 항목에서 '여'를 선택하면 된다. 자진발급에서 '여'를 선택하면 상대방의 정보 없이 국세청 코드로 현금영수증 발급이 가능하다. 반대로, 상대방이 현금영수증 발급과 관련하여 필요한 정보를 제공해 주는 경우에는 자진발급 '부'를 선택 후 입력해주면 된다.

⑵ 용도구분

용도구분은 두 가지 선택이 가능한데, 하나는 '지출증빙'이고 다른 하나는 '소득공제'다. 현금영수증을 발급하는 상대방이 사업자라면 '지출증빙'을 선택하고, 상대방이 근로소득이 있는 자이거나 별다른 요청이 없다면 '소득공제'를 선택하면 된다. 지출 증빙은 말 그대로 지출한 것에 대한 증빙용이므로 사업자의 경우 비용으로 인정받을 수 있고, 소득공제의 경우에는 근로소득자의 경우 연말 정산시 소득공제가 가능하다.

⑶ 거래유형 및 발급수단번호

거래유형은 과세 또는 면세를 선택하도록 하고 있다. 해외구매대행업의 경우 '과세'사업이므로 고민 없이 '과세'를 선택하면 된다. 발급수단번호의 경우에는 상대방의 휴대전화번호, 사업자등록번호 또는 주민등록번호 등 현금영수증 발급에 필요한 번호로 상대방으로부터 제공받아서 입력하면 된다.

⑷ 총 거래금액

부가가치세를 포함한 총 거래금액을 입력하면 공급가액과 부가가치세가 자동으로 나누어져서 반영된다. 이때 주의할 점은, 해외구매대행업의 경우 총판매금액이 아닌 해외구매대행으로 벌어들인 구매대행 수수료인 순매출금액을 기재해 주어야 한다는 것이다. 예를 들어, 해외구매대행으로 총 받은 금액이 100원, 물품매입액와 배송대행지수수료 등이 80원 발생하여서 해외구매대행 순매출금액이 20원이라고 한다면 20원을 입력해 주어야 하는 것이다. 100원을 입력하게 되면 나의 매출이 100원으로 인식되게 되는데, 실제 매출인 20원보다 많은 금액이 매출로 인식되어 여러 가지 세무상 불이익이 발생하게 된다.

[홈택스 : 현금영수증 건별 발급화면]

📑 실무상 중요한 TIP!

⑴ **현금영수증 발급의무 위반 주요 사례**

다음은 국세청에서 발표한 실무적으로 현금영수증 발급의무 위반 적발 주요 사례다. 참고하여 발급의무를 위반하지 않도록 주의하자.

[현금영수증 발급의무 위반 주요 사례]

사례1. 소비자와 현금거래 시 가격할인을 조건으로 거래 당시에 현금영수증 발급을 하지 않기로 약정한 경우

사례2. 거래대금을 계좌이체로 받은 경우이나 현금영수증을 발급하지 않은 경우

사례3. 거래대금 20만 원 중 15만 원을 신용카드로, 5만 원을 현금으로 받았으나, 현금으로 받은 5만 원에 대하여 현금영수증을 발급하지 않은 경우

해외구매대행업을 하시는 사업자들에게 현금영수증 발급과 관련하여 위반 사례에 대해서 강의해보면 사례 3번의 경우 현금을 10만 원 미만으로 받았기 때문에 괜찮지 않냐고 생각하시는 분들이 많다. 현금으로 받은 금액이 10만 원 미만이라도 거래 총금액이 10만

원이 넘으면 현금으로 받은 금액에 대해서는 현금영수증을 발급해야 한다는 점을 꼭 기억하자.

⑵ 현금영수증과 세금계산서 중 어떤 것으로 발급하거나 발급받아야 유리할까?

세법에서 인정하는 적격증빙으로는 세 가지가 있는데 신용카드 매출전표, 현금영수증, 세금계산서(계산서)가 있다. 해외구매대행 사업자 중 현금지출 시 상대방으로부터 현금영수증을 받는 것이 좋은지 세금계산서를 받는 것이 좋은지 많이 물어보신다. 현금영수증과 세금계산서 두 가지 모두 똑같은 적격증빙으로서 매입세액공제 및 경비 처리가 되기 때문에 두 가지에 있어 수취하는 자의 세금 적인 차이는 없다. 매출이 발생하여 세금계산서 또는 현금영수증을 발급하는 때에도 두 가지 모두 적격증빙으로서 차이는 없지만 실무적으로는 사업자와의 거래에서는 세금계산서를, 개인과의 거래에서는 현금영수증을 통상적으로 발행하고 있다.

8
매출실적이 없어도
신고해야 할까?

해외구매대행 사업자이면서 개인사업자라면 종합소득세를 법인 사업자라면 법인세 신고 납부 의무가 있다. 또한, 개인사업자와 법인사업자 모두 부가가치세 신고 납부 의무가 있다. 해외구매대행업 뿐만 아니라 모든 사업자는 매출실적이 있다면 당연히 매출실적에 따른 세금신고와 납부의무를 다해야 한다. 만약 세금을 신고하지 않는다면 세무서로부터 곧바로 소명자료 안내장이나 기한 후 신고 안내를 받게 된다. 하지만 '매출이 없거나 너무 작게 발생하여 납부할 세금이 없는 경우에도 세금신고를 해야 하는 걸까?'하는 생각이 드는 사업자가 많다. 실제로 업무를 하다 보면 매출이 없거나 거의 없다는 이유로 세금을 신고하지 않고 괜찮지 않냐며 나에게 물어보시는 사업자분들이 많다. 이렇게 매출실적이 없거나 저조하여 사업자가 임의로 판단하여 세금을 신고하지 않는 경우 정말 괜찮을까? 만약 신고하지 않는다면 사업자에게 전혀 불이익은 없는 걸까?

📄 매출이 없는 경우라도 부가가치세 신고는 반드시 해야 한다

일반적으로 개업 첫해이거나, 사업 시작을 연말에 시작하였거나, 사업자등록은 빠르게 하였으나 본격적으로 사업을 시작하지 않았다면 매출이 없거나 거의 발생하지 않는 경우가 많다. 매출이 없다면 당연히 납부할 부가가치세도 없을 것이다. 납부할 세금이 없다는 이유로 사업자가 임의로 판단하여 부가가치세 신고하지 않는 경우가 생각보다 많다. 하지만, 매출실적이 없는 경우 무실적 신고를 통해서 부가가치세 신고는 해주어야 한다. 그렇지 않으면, 국세청에서 직권으로 폐업 처리할 수 있어서 사업자가 폐업 처리될 수 있다.[*]

매출실적이 없어 부가가치세 신고를 하지 않았는데, 세무서로부터 직권으로 폐업 처리가 된다면 사업자등록부터 다시 해야 하는 번거로운 일이 생기게 된다. 그리고 매출실적은 없지만 매입이 있는 일반과세자라면 부가가치세 신고를 하여야 매입세액에 따른 환급이 가능하다. 부가가치세 신고를 하지 않는다면 매입세액에 따른 환급을 받을 수가 없다.

---

[*] 부가가치세법 시행령 제15조 2항 4호.

📖 종합소득세와 법인세 신고 매출이 없어도 신고해야 한다

사업자가 종합소득세나 법인세도 매출이 없는 경우 무실적으로 신고를 할 수 있다. 하지만 부가가치세와 마찬가지로 종합소득세와 법인세 역시 납부할 세금이 없다는 이유로 세금신고를 안 하는 경우가 있다. 매출이 발생하지 않아서 납부할 세금이 없다면, 종합소득세와 법인세를 신고하지 않아도 가산세 등의 불이익은 없다. 하지만, 지출된 경비가 많다면 반드시 신고하는 것을 고려해야 한다. 장부상 수입금액보다 지출한 경비가 더 많은 경우에 결손금이 발생한다. 이렇게 발생한 결손금은 장부를 작성하여 신고하는 경우 세법상 10년간 이월하여 결손금 공제를 받을 수 있다. 쉽게 설명하자면, 결손금이 발생한 이후 10년간 이익이 발생한다면, 그 이익에서 과거에 발생한 결손금을 차감해 준다는 것이다. 그렇게 된다면, 이익이 발생한 연도의 세금을 줄일 수가 있게 된다.

[이월결손금의 활용]

구분	2023년	2024년	2025년
수익	0원	100원	120원
비용	100원	30원	90원
이익(결손)	(100원)	70원	30원
이월결손금공제	0원	(70원)	(30원)
과세표준	0원	0원	0원
세금	0원	0원	0원

위 표에서 본 것처럼 이월결손금이 발생하는 경우 장부신고 하면, 이를 이후에 이익이 발생한 금액에서 차감할 수 있다. 이렇게 되면 세금을 줄일 수 있게 된다. 결손이 발생한 연도에 장부 작성을 통한 신고를 하지 않는다면 결손금을 이월시킬 수도 없으므로 매출실적이 없거나 적은 경우라도 지출된 경비가 더 많다면 장부 작성을 하여 세금신고 하는 것을 고려해야 한다.

🖰 실무상 중요한 TIP!

⑴ 매출, 매입 모두 없다면 '무실적 신고', 결손금이 있다면 '장부 신고'

사업자가 매출, 매입실적이 없는 경우 국세청에서는 세금신고를 간단하게 할 수 있도록 홈택스에 '무실적 신고' 서비스를 제공하고 있다.

[홈택스 무실적 신고 화면]

이 방식으로 신고하면 매출과 매입을 0으로 기재하여 간단하게 세금신고가 가능하다. 따라서, 회계사무실에 신고 대리 수수료를 부담하고 맡기지 않더라도 셀프로 손쉽게 세금신고가 가능하다. 단, 앞서 살펴본 바와 같이 종합소득세 및 법인세 신고 시 지출경비가 더 많아 결손이 발생한 경우라면 장부 작성을 통해서 이월결손금 관리가 필요하다. 이때에는 장부 작성을 통하여 신고해야만 결손금이 인정되므로 회계사무실에 맡겨서 장부 작성 후 세금신고를 하는 것이 필요하다.

⑵ 세금신고 기간 이후에도 세금신고를 할 수 있을까?

부가가치세 신고를 하지 않는 경우 매입세액에 따른 환급을 받을 수 없다. 가끔 부가가치세 신고 기간이 지나고 나서 매입세액에 대한 부분이 확인되어 신고하는 경우가 있다. 이렇게 법정 신고기한 내에 부가가치세를 신고하지 못하고 세무서에서 별도의 결정 및 통지하기 전에 부가가치세 신고하는 것을 '기한 후 신고'라 한다. 기한 후 신고를 하는 경우 신고한 매입세액에 대해서 환급을 받을 수는 있지만, '매입처별세금계산서 합계표불성실 가산세'가 발생하는 불이익이 생길 수 있다. 만약에 기한 후 신고 시 환급세액이 아닌 납부세액이 있는 경우에는 '신고불성실가산세'와 '납부지연가산세' 등도 추가로 발생할 수 있다. 따라서, 되도록 기한 내에 세금신고를 해야 한다.

9

해외구매대행업 소명자료란 무엇인가?

📋 **세무서로부터 세금신고가 잘못되었다는 연락을 받았습니다**

해외구매대행업을 하다 보면 한번은 관할 세무서로부터 세금신고가 잘못된 것 같으니 소명을 해달라는 연락을 받는다. 해외구매대행업의 세금신고는 총판매금액을 매출로 신고하는 소매사업자와 다르게 해외구매대행업에서 발생한 순매출인 구매대행수수료를 매출로 신고한다. 따라서, 국세청이 집계하는 사업자의 총판매금액과 해외구매대행 사업자가 신고한 매출은 항상 차이가 발생한다. 이러한 차이에 대해서 '소명'하는 자료를 바로 해외구매대행업 소명자료라고 한다.

국세청으로부터 소명자료 요구받으면 사업자가 작성한 소명자료를 제출해야 하며 만약 소명이 제대로 이루어지지 않는다면, 해외 구매대행 사업자로서 인정받지 못하게 되며, 이에 따른 세법상 여러 가지 불이익이 따르게 된다. 그러므로, 소명자료를 잘 작성하고 보관하고 있는 것은 매우 중요한 일이다.

📑 소명자료는 어떻게 작성하면 될까?

많은 해외구매대행 사업자가 소명자료를 작성하는데 부담스럽고 힘들어한다. 그 이유는 소명자료는 정해진 양식이 별도로 있는 것이 아니며, 사업자 본인이 직접 작성해야 하기 때문이다. 소명자료는 크게 세 가지로 (1) 총판매금액, (2) 해외마켓구입내역, (3) 해외배송대행지비용이 있으며, 고객이 납부의무를 지는 관·부가세와 국내 화물 택배비의 경우 소비자를 대신하여 납부한 금액이 있는 경우에만 소명자료 작성 시 함께 포함되어야 한다. 그렇다면 해외구매대행업 소명자료에 대해서 항목별 구체적으로 어떻게 자료를 정리하면 되는지 알아보자.

(1) 총판매금액

총판매금액은 스마트스토어, 쿠팡, 11번가 등 오픈마켓에서 판매한 총금액을 말한다. 오픈마켓에 입점한 사업자라면 오픈마켓 관리자 페이지에 접속하여 부가가치세 신고자료를 받을 수 있는 탭에서 해당 기간을 설정하면 총판매금액을 내려받을 수 있다. 이전에는 홈택스에서 집계가 되지 않아 각 오픈마켓에 접속하여 부가세신 고자료를 다운받아서 제출하였는데, 최근에는 대부분의 오픈마켓 총판매금액자료는 홈택스에서 한꺼번에 집계할 수 있어서 별도로 자료를 내려받거나 할 필요는 없다. 만약 홈택스에 집계되지 않는 오픈마켓에서 거래내역이 있다면, 이 부분에 대해서는 부가가치세 신고자료를 다운받아서 제출하면 된다.

(2) 해외마켓구입비용

해외마켓 구입비용은 타오바오, 알리바바 등 해외마켓에서 결제한 금액을 말한다. 대부분의 해외구매대행 사업자들이 MASTER, VISA 등 해외결제가 가능한 신용카드를 통해서 물건을 매입한다. 해외결제 금액에 대한 소명자료는 매입에 사용된 카드사 홈페이지를 접속하여 해외 결제내역을 내려받거나 카드사에 직접 전화해서 세금신고를 위해 사용내역을 달라고 하면 이메일로 결제 내역을 받을 수 있다. 이때 주의할 사항은 해당 금액을 원화로 환산해서 달라고 해야 한다. 가끔 사업자분들께서 신고 기간에 나에게 제출한 자료를 보면, 달러나 위안 화 또는 엔화 등 외회 금액으로 표기해서 제출하는 경우도 있는데, 이 렇게 되면 일일이 환산해야 하는 등 신고 시 어려움이 발생한다. 또 하 나 주의할 점은, 세금신고 대상 기간에 맞춰서 결제 내역을 받아야 한 다는 것이다. 세금의 신고는 과세기간이 정해져 있다. 따라서, 해당 과 세기간과 관련이 없거나 다른 과세기간의 내역을 제출해서는 안 된다.

실제로 소명자료를 받아보면 이 부분도 잘못 제출하는 경우가 많으니 주의해야 한다.

(3) 배송대행지비용

해외에서 국내로 배송을 대행해주는 업체에 제공하는 수수료를 말한다. 실무적으로 '배대지비용'이라고 줄여서 부르기도 하는 금액으로 배송대행지 홈페이지에 접속하여 사용 내용을 내려받거나 이체 증빙 등으로 소명할 수 있다. 가끔 배송대행지 비용과 관련하여 세금신고를 위해 세금계산서를 발급을 요청하면 배송대행지 업체에서 추가 수수료를 더 달라고 하는 경우가 있다. 배송대행지 비용은 해외구매대행 매출 계산 시 차감항목이기 때문에 굳이 별도의 세금계산서를 받을 필요가 없으므로 불필요한 수수료를 납부하는 일이 없도록 하자.

(4) 관부가세 및 경동택배비 대납액

관부가세 및 경동택배비가 발생하면, 이 금액에 대한 부분은 원칙적으로 소비자가 부담을 하는 게 맞다. 왜냐하면, 해외구매대행 사업자는 구매대행을 해주는 것에 불과하고 해당 제품을 구매하는 주체는 소비자이기 때문이다. 그러므로 통관번호도 사업자의 번호가 아닌 소비자로부터 받아서 진행하는 것이다. 금액에 따라 관부가세가 안 나올 수도 있고, 부피가 작고 가벼운 물건의 경우 별도의 택배비가 안나올 수도 있다. 그러나, 관부가세가 나오는 경우 이를 소비자에게 안내하고 납부를 진행하는 게 원칙이지만, 금액이 적거나 소비자에게 내용을 설명하고 납부를 진행하기에 어려움이 있는 경우 사업자가 대신 납부하기도 한다. 이 경우에는 관부가세 납부확인서나 택배비 영수증 등을 취합하여 소명자료 작성 시 같이 제출하면 된다.

🖐 실무상 중요한 TIP!

(1) 매출 차감항목과 헷갈리는 매입세액 공제항목

부가가치세 신고 시 해외구매대행업 매출을 산출하기 위하여 소명자료를 요청하면 많이 헷갈리는 항목이 있다. 대표적인 항목이 바로 오픈마켓수수료, 사무실 임차료, 광고선전비 등이다. 해외구매대행사업에서 매출은 앞서 설명한 바와 같이 대행수수료만을 매출로 인식해야 하기 때문에 총판매금액에서 해외매입금액, 배송대행지비용, 관부가세대납액을 차감하여 매출을 산출한다. 오픈마켓수수료, 사무실 임차료, 광고선전비 등은 해외구매대행업 총판매금액에서 차감하는 항목이 아니라 부가가치세법상 매입세액 항목으로 매출세액에서 공제를 받는 항목이므로 헷갈리지 말자.

(2) 사업장이 여러 개인 경우 소명자료의 준비

해외구매대행업을 하다 보면 사업자를 여러 개 내는 경우가 많다. 왜냐하면, 사업자 1개당 상품을 등록할 수 있는 개수가 제한되어 있기 때문이다. 따라서, '사업장이 여러 개인 경우 소명자료는 어떻게 준비를 해야 하는지?', '한 개의 카드로 모든 사업장 매입을 다 해도 되는지?' 등에 대해서 궁금해하는 경우가 많다. 부가가치세 신고 시 제출하는 소명자료는 사업장별로 제출해야 한다. 따라서, 1개의 카드로 모든 지출을 하게 되면 각 지출을 사업장별로 사업자가 직접 나누어 주어야 하는 번거로움이 따른다. 주 사업장을 제외하고 나머지에서 거래가 거의 없다면 구분하기 어렵지 않겠지만, 거래량이 사업장별로 많아진다면 구분하기가 굉장히 어렵다. 또한, 구분하는데 시간적으로도 낭비가 많이 된다. 따라서, 사업장이 여러 개가 있는 경우 사업장별로 카드를 구분해서 사용한다면 소명자료를 더 쉽게 만들 수 있다는 점을 알아두자.

(3) 마진율계산기를 소명자료로 제출해도 될까요?

소명자료 관련해서 다음으로 많은 질문을 하는 것은 '마진율계산기'다. 마진율계산기란 사업자가 상품을 판매해서 건별로 순이익을 대략적으로 파악하기 위한 목적으로 작성하는 엑셀파일 양식으로, 정확한 소명자료라고 말하기 어렵다. 특히, 마진율계산기 파일에는 환율 부분이 고정되어 있는데 실제 매출 인식 시점의 환율과 차이가 있을 수 있다. 거래량이 적다면 큰 차이가 없겠지만, 규모가 큰 사업자라면 세금신고에 있어 마진율계산기로 산출한 금액과 실제 환율을 적용하였을 때 그 금액 차이가 크게 발생할 수 있으므로 주의하여야 한다.

10

가족도 직원으로 인건비 신고
및 비용처리가 가능할까?

해외구매대행 사업자가 부업으로 그치지 않고 본격적으로 해외구매대행 사업을 시작하여 사업이 잘될수록 혼자서 모든 업무를 하기란 쉽지 않다. 정직원을 바로 채용해서 업무를 덜 수 있다면 너무나 좋겠지만 아직 규모가 크지 않은 영세한 사업장에서는 직원을 고용한다는 것이 쉬운 일은 아니다. 직원을 채용하면 당장에 매월 고정석인 월급과 4대 보험료기 나가는 것이 큰 부담이 되고 주휴수당과 퇴직금까지 고려한다면 돈이 많이 들기 때문이다.

🖺 가족에게 지급한 인건비도 비용처리가 가능하다

이 경우 생각해볼 방법의 한가지는 가족에게 도움을 요청하는

것이다. 가족에게 도움을 받으면, 책임감 있게 일을 해줄 수 있을 뿐
만 아니라 근로와 관련하여 조건을 맞추기도 편하고 분쟁의 소지도
적다는 장점이 있다. 최근에는 해외구매대행업 사업자 뿐만 아니라
다양한 업종의 사업자들이 가족경영을 하는 경우가 많다. 가족에
게 지급한 인건비도 다른 직원과 마찬가지로 비용으로 처리할 수 있
다. 이 경우에도 단순히 계좌이체만 해서는 안 되고, 인건비 신고를
하고 원천세를 납부하여야 비용으로 인정받을 수 있다.

세금은 실질과세 원칙에 따라서 과세 되기 때문에 따라서 가족
이라 할지라도 실제로 업무를 도와주고 이에 따른 적정한 인건비를
지급했다면 비용처리를 통해서 충분히 절세를 할 수가 있게 된다.

📑 가족간 인건비 처리시 주의사항

다만, 가족 간 인건비를 처리할 때 주의사항이 있다. 첫째, 실제
로 근무를 해야한다. 실제 근무하지 않는 유령직원은 인건비 신고
를 제대로 하여도 비용으로 인정받을 수 없다. 실제로 가족 간 인건
비 처리와 관련하여서 문의하는 많은 질문 중 하나는 '실제 근무하
지는 않는 가정주부인 배우자나 대학생인 자녀를 직원으로 등록하
여 인건비로 처리를 할 수 있는지'에 대한 것이다. 가족이라 할지라
할지라도 실제로 해당 사업장에 근무하고 적정한 대가를 인건비로
지급한 경우 당연히 비용처리가 되지만, 그렇지 않고 실제로 근로하
지 않는 사람에게 급여를 지급한다면, 세금을 줄이기 위한 탈세 행

위에 해당하여 세무조사를 받게 되거나 그동안 세금 신고로 인정받은 비용을 모두 부인당하고 어마어마한 가산세를 낼 수도 있다. 둘째, 가족에게 지급한 급여도 인건비 신고를 반드시 해야 비용으로 인정받을 수 있다. 가족끼리 급여를 주기 때문에 별생각 없이 인건비 신고에 대한 부분을 누락하는 경우가 많은데, 인건비 신고를 제대로 하지 않으면 비용으로 인정받을 수 없다. 인건비를 지급할 때에도 동일한 업무나 직급에 있는 다른 직원과 급여차이가 너무 나면 안돼고 현금지급보다는 가급적 근로자 명의 통장에 계좌이체를 해서 그 내역을 남겨두는게 좋다.

🖱 실무상 중요한 TIP!

⑴ **가족을 채용하는 경우에도 국민연금, 건강보험 가입은 필수!**

3.3%를 원천징수를 하고 지급하는 사업소득자가 아니라면, 4대 보험 중 국민연금, 건강보험은 가족이라 하더라도 가입을 해야 한다. 만약 부모님을 직원으로 채용하는 경우 건강보험료 납부 의무자가 지역가입자에서 사업장가입자로 변경이 되므로 건강보험료 납부 측면에서 더 유리할 수도 있다.

⑵ **직원이 가족이어도 두루누리 지원금을 받을 수 있다.**

가족을 채용할 때도 요건에 충족된다면 사업주와 소속 근로자의 국민연금, 고용보험 일부를 국가에서 지원해 주는 '두루누리 지원금' 신청이 가능하다. 실제로 매우 도움이 되는 제도 중 하나인데, 가족을 채용하면 안될거라 생각하거나 잘 몰라서 놓치는 사업자가 많다. 두루누리지원 대상은 근로자 수 10명 미만인 사업장에 고용된 근로자 중 월평균 보수가 260만 원 미만이고 사회보험 신규 가입자인 근로자와 그 사업주에게 지원이 된다. 두루누리 지원금 대상이 되면 근로자 및 사업주가 부담하는 국민연금과 고용보험료의 80%까지 지원받을 수 있다. 이를 통해 가족을 직원으로 채용해서 발생되는 4대 보험 상당 부분을 줄일 수 있다. 함께 도와주실 수 있는 부모님이 계시거나 형제자매 또는 자녀가 있다면 이러한 지원금 제도에 대해서도 놓치지 말고 도움을 받도록 하자.

(3) 근로장려금 등 지원금을 받고 있다면 주의가 필요하다.

가족을 채용하고 인건비 신고를 하게 되면 근로자에게 소득이 잡히게 된다. 이때, 근로자가 근로장려금 등 각종 보조금을 받고있는 경우라면 좀더 신중할 필요가 있다. 일부 보조금의 경우 소득이 거의 없거나 낮은 사람에게 지급하는 제도이기 때문에 소득이 발생하면 이러한 보조금이 축소되거나 제한될 수 있기 때문이다. 따라서, 이러한 보조금을 받고 있다면, 해당 담당부서에 연락하여 소득이 얼마까지 발생하게 되면 받고 있는 보조금에 영향을 미치게 되는지 미리 확인하여 받고 있는 보조금에 문제가 없도록 하여야 할 것이다.

11

직장인 부업사업자,
회사에서 알게 될까?

최근에는 투잡, 쓰리잡, 심지어는 'N잡러'라는 말까지 나올 정도로 부업에 대해서 관심이 많다. 계속해서 물가는 상승하다 보니 월급만으로 생활하는 것이 이전보다 쉽지 않다고 느끼는 직장인이 더 많아진 이유다. 실제로 종합소득세 신고를 해보면 직장을 다니면서 부업으로 해외구매대행업을 시작하는 사업자가 많아지고 있고, 이 책을 읽는 독자 중에서도 현재 회사에 다니면서 해외구매대행업을 부업으로 시작하기 위해 준비 중인 예비사업자도 있을 것이다. 하지만, 직장을 다니면서 부업으로 돈을 벌어보려는 사업자는 혹시나 회사에서 내가 부업을 하고 있다는 사실을 알게 될지 걱정이 앞선다. 이런 걱정이 많아서인지 인터넷에도 '직장인이 투잡을 하게 되면 회사에서 알 수 있나요?'

같은 질문들이 엄청나게 많다. 어떤 글에는 알 수 있다고 하고 어떤 글에는 절대 알 수가 없다고 하는 등 사실에 근거하기보다 각종 추측성 글도 난무하는 실정이다. 도대체 무엇이 맞는 걸까? 정말 내가 부업을 하게 되면 무조건 회사에서 알 수 있는 걸까?

🖱 어떤 경우 회사에서 알게 될까?

결론부터 말하자면, 내가 부업을 한다고 해서 무조건 회사에서 알 수는 없다. 왜냐하면, 개인의 사업자등록을 했는지 아닌지와 같은 개인정보는 회사에서 조회할 수도 없기 때문이다. 다만, 2개 이상의 사업장에서 근무하는 경우 4대보험(국민연금, 건강보험, 고용보험, 산재보험)을 어떻게 부담하는지에 따라서 내가 부업을 하고 있다는 사실을 짐작하거나 알 수도 있다. 예를 들어, A 사업장에서 직원으로 다니면서 B 사업장을 해외구매대행업 개인사업자로 내서 사업을 하는 경우를 생각해 보자. 이 경우 4대보험의 부과 방식은 A 사업장과 B 사업장에서 발생한 소득을 기준으로 각각의 사업장별로 부과할 수도 있을 것이고, 전체 소득금액을 합산해서 A 사업장과 B 사업장에 안분하여 부과할 수도 있을 것이다. 각 사업장에서 발생한 소득을 기반으로 사업장별로 4대보험을 납부한다면 회사에서는 알기가 어려울 것이다. 그러나, 만약에 소득금액을 기준으로 안분해서 그 결과를 회사에 알려준다면 회사에서는 내가 다른 소득이 발생하고 있다는 것을 알게 될 것이다. 보다 구체적으로 회사에 다니면서 해외구매대행업을 같이 하는 경우 발생할 수 있는 경우에 수를 기준으로 각 4대보험료 납부의무가 어떻게 되는지 하나씩 살펴보자.

- Case1 [근로소득 + 사업소득 + 직원 없음(X)]

첫 번째 경우는 회사에 다니면서 혼자서 개인사업자로 해외구매대행업을 하는 사업자의 경우다.

⑴ 국민연금 및 건강보험

국민연금과 건강보험료는 직장에 다니고 있는 회사에서는 '직장가입자'로 가입이 되고, 해외구매대행 사업장에서는 고용된 직원 유무에 따라 '지역가입자'와 '직장가입자' 2가지로 분류될 수 있다. 사업장에 고용된 직원이 없는 경우에는 '지역가입자'로 분류된다.

국민연금은 이미 직장에서 직장가입자로 가입이 되어 있으므로 지역가입자로 추가로 가입되지 않는다. 따라서, 원래 다니고 있는 회사에서만 국민연금을 부담하게 된다.

건강보험료는 직장에서 받는 보수 외 소득이 2천만 원이 초과하는 경우 원래 다니고 있는 회사에서 부담하는 건강보험료 이외에 추가적인 건강보험료가 발생하게 된다. 따라서, 해외구매대행업으로 벌어들인 소득이 2천만 원이 초과하게 되면 추가적인 건강보험료가 발생하는데, 이때 발생하는 건강보험료는 근무하고 있는 회사에 통지되지 않고 본인에게 직접 통지된다.

정리하자면, 국민연금은 추가 가입 자체가 안되기 때문에 회사에서 알 수가 없고, 건강보험료는 소득이 2천만 원을 초과하지 않는다면 추가적으로 부과되는 금액이 없어서 알 수가 없으므로 2천만 원을 초과하더라도 본인에게 직접 통지되기 때문에 회사에서 알 수 없다.

⑵ 고용보험 및 산재보험

직장근로자는 고용보험 및 산재보험에 가입이 되어 있지만, 사업자의 경우에는 고용보험 및 산재보험에 원칙적으로 가입하지 않는다. 따라서, 직장을 다니면서 해외구매대행업을 혼자서 할 때는 고용보험 및 산재보험 가입을 하지 않으므로 회사에서 나의 부업 사실을 알기 어렵다.

- Case2 [근로소득 + 사업소득 + 직원 있음(○)]

⑴ 국민연금 및 건강보험

국민연금과 건강보험료는 직장에 다니고 있는 회사에서는 '직장가입자'로 가입이 되고, 해외구매대행 사업장에서는 고용된 직원이 있다면, 대표자인 본인도 '직장가입자'로 분류된다. 기존에 다니고 있던 회사에서도 직장가입자로 가입이 되어 있고, 직원을 채용함에 따라 내가 사업을 하는 사업장에서도 직장가입자로 가입이 되면 두 소득의 합계가 상한액을 초과하는 경우 그 금액을 안분해서 계산하는 문제가 발생한다.

먼저 건강보험료는 크게 문제가 없다. 왜냐하면 안분계산이 되는 월별 보험료 상한금액이 2023년도 기준 7,822,560원인데 이를 소득으로 환산하면 월 110,332,300원 이기 때문이다. 따라서 내가 다니고 있는 회사에서 발생한 근로소득과 해외구매대행업으로 발생한 사업소득금액이 매월 1억을을 넘지 않는다면, 건강보험료를 안분 계산하지 않고 각 사업장에서 발생한 소득에 대해서 사업장별로 건강보험료를 부과하므로 회사에서 내가 다른 사업장에서 소득이 발생하고 있음을 알 수 없다.

---

* 여기서 말하는 고용된 직원이란 4대보험에 가입하는 직원을 말한다. 프리랜서 등 사업소득자를 고용하는 경우 4대보험 관점에서는 '직원이 없는 것'으로 판단하면 된다.

연금보험료는 기준소득월액이라는 용어를 사용하고 있는데, 2023년 7월 1일부터 2024년 6월 30일까지 적용되는 기준소득월액 상한금액은 590만 원이다. 회사에서 받는 금액과 해외구매대행업으로 벌어들인 소득이 월 590만 원을 초과하여 소득이 발생하는 경우 각 사업장의 소득 비율로 안분해서 계산하고 이를 회사에 통보하게 된다. 이 경우에는 회사에서 내가 투잡으로 다른 사업을 하고 있음을 알 수가 있다.

⑵ 고용보험 및 산재보험

사업자의 경우 앞에서 살펴본 바와 마찬가지로 직원 유무와 상관없이 고용보험과 산재보험 대상이 아니다. 따라서, 기존에 다니고 있는 직장에서만 고용보험 및 산재보험을 납부하므로 회사에서는 고용보험 및 산재보험으로는 알 수가 없다. 앞서 설명한 내용을 도표로 정리하면 아래와 같다.

근로소득 + 사업소득+직원X

4대 보험	사업장에서 가입여부	회사에 통보 여부
국민건강	X	X(*)
국민연금	X	X
고용보험	X	X
산재보험	X	X

(*) 근로소득 외 2천만원 초과시 추가건강보험료 납부.

근로소득 + 사업소득+직원O

4대 보험	사업장에서 가입여부	회사에 통보 여부
국민건강	직장가입자로 가입	△
국민연금	직장가입자로 가입	△
고용보험	X	X
산재보험	X	X

(*) 월 보수가 아래 금액을 초과하면 안분계산(2023년도 기준)
건강보험: 월 110,332,300원
연금보험: 월 5,900,000원

[직원 유무에 따른 4대보험 가입 및 통보 여부]

실무상 중요한 TIP!

⑴ 연말정산 자료 제출 시 주의사항

회사를 다니고 있는 직장인이라면 연말정산을 하게 된다. 연말정산 시 홈택스에 들어가서 연말정산에 필요한 각종 자료를 내려받아 회사에 제출한다. 내려받는 자료 중에는 보험료 납부액이 있는데, 회사에서 납부한 건강보험료 이외에 다른 건강보험료가 있을 경우 이를 제출하게 되면 회사에서는 건강보험료를 기반으로 정확하게 어떤 일을 하는 것은 알 수는 없지만 다른 사업장에서 소득이 발생하여 건강보험료를 내고 있음을 짐작할 수도 있다. 그 밖에 실제로 해외구매대행업 사업장에서 발생한 카드사용이나 개인카드의 경우 연말정산 자료에 포함이 되어 있을 수 있다. 연말정산 자료에도 중복으로 들어가지 않도록 하는 것도 중요하고 카드 사용금액이 근로소득금액에 비해 너무나 큰 경우에도 회사로부터 의심(?)을 받을 수 있다. 따라서, 연말정산 시 추가납부 건강보험료와 사업장에서 사용한 카드사용 금액은 제외하고 제출하자.

⑵ 직원 채용 시 한 번 더 고민해 보자.

앞서 살펴본 바와 같이 직원을 채용하게 되면 소득에 따라 안분계산 문제가 발생하게 되고 이를 통해서 현재 내가 다니고 있는 회사에서 투잡을 하고 있는지를 알 수 있게 된다. 이때 직원은 4대보험에 가입되는 직원을 말하는데, 주 15시간 미만 단시간근로자는 국민연금 및 건강보험료 가입 의무가 없으므로 4대보험 가입 직원에 포함되지 않는다. 또한, 프리랜서와 같이 사업소득자의 경우에도 4대보험 가입 대상 직원이 아니다. 따라서, 처음부터 무조건 4대보험에 가입이 필요한 정직원을 채용하지 않고, 최대한 단시간근로자 등을 활용하여 사업을 하는 것도 하나의 방법이 될 수 있다.

4장

해외구매대행업 절세 전략

-

JUMP UP!!

1

창업감면은 무엇인가요?
요건은 어떻게 되나요?

요즘 사업자들은 세무적인 지식을 갖추고 계신 분들이 많다. 다른 사업자와의 교류뿐만 아니라 워낙 절세에 대한 많은 정보가 인터넷에 많다 보니 어떻게 하면 세금을 좀 더 아낄 수 있는지 잘 알고 계신 사업자분들이 많다. 가끔은 "회계사님, 이런 세액감면 제도가 있다고 들었는데, 저는 적용 가능한가요?"라고 질문을 주시는 사업자도 있다. 절세에 관심이 많은 사업자가 많이 물어보는 절세제도 중 하나를 고르라고 한다면 창업세액감면을 고를 수 있다. '창업중소기업 등에 대한 세액감면(이하, 창업감면)'은 대표적인 세액감면 제도 중 하나다. 창업감면에 해당이 되기만 한다면, 5년 동안 최소 50%에서 최대 100% 세금 감면이 되므로 사업을 한다면 누구나 관심을 가지는 절세제도 중 한 가지다. 하지만, 이렇게 의미 있는 감면도 정확하게 알고 요건에 부합하는 경우에만 감면을 적용해야 한다. 잘못된 감면을 적용하게 되면 원래 내야 하는 세금은 물론이고 가산세까지 함께 추징될 수 있기 때문이다. 또한, 창업감면에 해당이 되는데도 불구하고 이를 몰라서 감면 없이 세금을 내는 일도 없어야 한다.

그렇다면, 창업감면은 구체적으로 무엇이고, 어떤 요건에 부합하는 경우 감면이 적용되는 걸까? 그 밖에 주의해야 하는 사항은 없을까?

📖 창업감면이란?

사업자가 절세하는 방법에는 여러 가지가 있지만, 가장 효과적인 방법 중 한 가지는 세액공제 및 감면제도를 활용하는 것이다. 세액공제 및 감면제도에는 세법상 수많은 종류가 있는데, 그중 창업감면제도는 적용할 수만 있다면 크게 세금을 아낄 수 있다. 창업감면의 정확한 명칭은 조세특례제한법 제6조 '창업중소기업 등에 대한 세액감면'으로 조세특례제한법상 세액감면제도를 말한다.[*] 창업감면은 국가 경제 활성화를 위하여 창업을 장려하고 사업 초기에 창업 중소기업의 조세부담을 완화하기 위해서 만들어진 감면제도다. 창업감면 적용 요건을 충족한다면 창업 후 최초로 소득이 발생한 연도와 그 후 4년간 개인사업자라면 종합소득세를 법인사업자라면 법인

---

[*] 참고로, 창업감면제도는 조세특례제한법상 일몰 기한에 따라 2024년 12월 31일 이전에 요건을 충족하는 기업에만 적용된다. 다만, 지금까지는 조세특례제한법을 개정하여 매년 일몰 기한을 계속해서 연장해 왔으므로 대부분 일몰 기한이 연장될 것으로 생각하여 일몰 기한에 크게 의미를 두고 있지는 않다.

세를 50%에서 최대 100% 감면해준다. 예를 들어, 창업감면 요건에 해당하는 개인사업자가 종합소득세로 1,000만 원이 발생하였을 경우, 500만 원에서 1,000만 원의 납부세액을 면제받을 수 있게 된다. 사업 초기 이제 막 성장을 해보려는데 세금 부담이 크다면 사업이 자리 잡는 데 어려움이 있을 수 있지만, 이 제도를 적극적으로 활용한다면 사업 초기 세금 부담에서 벗어날 수 있다.

해외구매대행업 사업자의 세금신고를 해보면 청년이면서 최초 창업에 해당하여 창업감면적용대상 사업자인 경우가 많다. 많은 해외구매대행 사업자들이 작게는 몇십만 원에서, 몇백만 원까지 창업감면적용을 통해 절세혜택을 보고 있다.

📖 창업감면의 요건은 무엇이 있을까?

창업감면을 적용받기 위해서는 조세특례제한법상 요건을 충족해야 한다.

첫 번째 요건은 바로 업종이다. 창업감면을 적용받기 위해서는 조세특례제한법상 창업감면 적용 대상 업종이어야 한다. 창업감면을 적용받을 수 있는 업종을 조세특례제한법에서는 나열하고 있는데[*], 이 업종에 해당이 되지 않으면 창업감면 자체를 적용받을 수 없다.

---

* 조세특례제한법 제6조 제3항

[창업감면이 적용될 수 있는 업종]

1. 광업

2. 제조업(제조업과 유사한 사업으로서 대통령령으로 정하는 사업을 포함한다. 이하 같다)

3. 수도, 하수 및 폐기물 처리, 원료 재생업

4. 건설업

5. 통신판매업

6. 대통령령으로 정하는 물류산업(이하 "물류산업"이라 한다)

7. 음식점업

8. 정보통신업. 다만, 다음 각 목의 어느 하나에 해당하는 업종은 제외한다.

   가. 비디오물 감상실 운영업

   나. 뉴스제공업

   다. 블록체인 기반 암호화자산 매매 및 중개업

9. 금융 및 보험업 중 대통령령으로 정하는 정보통신을 활용하여 금융서비스를 제공하는 업종

10. 전문, 과학 및 기술 서비스업[대통령령으로 정하는 엔지니어링사업(이하 "엔지니어링사업"이라 한다)을 포함한다]. 다만, 다음 각 목의 어느 하나에 해당하는 업종은 제외한다.

가. 변호사업

나. 변리사업

다. 법무사업

라. 공인회계사업

마. 세무사업

바. 수의업

사. 「행정사법」제14조에 따라 설치된 사무소를 운영하는 사업

아. 「건축사법」제23조에 따라 신고된 건축사사무소를 운영하는 사업

11. 사업시설 관리, 사업 지원 및 임대 서비스업 중 다음 각 목의 어느 하나에 해당하는 업종

가. 사업시설 관리 및 조경 서비스업

나. 사업 지원 서비스업(고용 알선업 및 인력 공급업은 농업노동자 공급업을 포함한다)

12. 사회복지 서비스업

13. 예술, 스포츠 및 여가관련 서비스업. 다만, 다음 각 목의 어느 하나에 해당하는 업종은 제외한다.

가. 자영예술가

나. 오락장 운영업

다. 수상오락 서비스업

라. 사행시설 관리 및 운영업

마. 그 외 기타 오락관련 서비스업

14. 협회 및 단체, 수리 및 기타 개인 서비스업 중 다음 각 목의 어느 하나에 해당하는 업종

가. 개인 및 소비용품 수리업

나. 이용 및 미용업

15. 「학원의 설립·운영 및 과외교습에 관한 법률」에 따른 직업기술 분야를 교습하는 학원을 운영하는 사업 또는 「국민 평생 직업능력 개발법」에 따른 직업능력개발훈련 시설을 운영하는 사업(직업능력개발훈련을 주된 사업으로 하는 경우로 한정한다)

16. 「관광진흥법」에 따른 관광숙박업, 국제회의업, 유원시설업 및 대통령령으로 정하는 관광객 이용시설업

17. 「노인복지법」에 따른 노인복지시설을 운영하는 사업

18. 「전시산업발전법」에 따른 전시산업

그렇다면 해외구매대행업은 창업감면 적용이 가능한 업종일까? 해외구매대행업의 국세청 업종코드는 '525105'인데, 세분류로 '통신판매업'에 해당이 된다. 통신판매업은 조세특례제한법에서 창업감

면 적용이 가능한 업종으로 열거하고 있는 업종 중 하나이기 때문에, 해외구매대행업의 경우 창업감면을 적용받을 수 있는 업종에 해당한다.

[국세청 신종업종 세무안내 참조]

[업종코드 및 적용 범위]

코드	세분류	세세분류	적용범위
525105	통신 판매업	해외직구 대행업*	온라인 몰을 통해 해외에서 구매 가능한 재화 등에 대하여 정보를 제공하고 온라인 몰 이용자의 청약을 받아, 해당 재화 등을 이용자의 명의로 대리하여 구매 한 후 이용자에게 전달해줌으로써 수수료를 받아 수익을 얻는 산업 활동을 말한다.

TIP. 알아두면 좋아요!

창업감면의 업종에 해당하는지는 한국표준산업분류표의 업종 구분을 따른다. 통신판매업의 하위 분류에는 전자상거래 소매 중개업, 전자상거래 소매업, 기타 통신판매업이 있다. 통신판매업은 한국표준산업분류표상 무점포 소매업에 해당이 된다. 따라서, 드물겠지만 해외구매대행업을 오프라인에서 점포를 통해서 사업하고 있다면, 창업감면 적용이 안될 수 있다. 실무적으로는 오프라인에서 해외구매대행업을 하는 경우는 보지는 못했으며, 스마트스토어, 쿠팡 등과 같은 온라인 오픈마켓에서 해외구매대행업을 진행하고 있다.

두 번째는 지역 요건이다. 창업한 사업장의 소재지가 어디인지에 따라서, 감면 가능 여부와 그 비율이 달라진다. 법령에서는 지역을 '수도권과밀억제권역'을 기준으로 이를 구분하고 있다. 수도권과밀억제권역이란 수도권정비계획법에 의해 인구 및 산업이 집중될 우려가 있어 인구 또는 산업을 이전하거나 정비할 필요성이 있는 지역을 말한다. 쉽게 설명해서 인구나 기업이 많이 밀집되어있는 지역이다. 기본적으로 청년을 제외하고 수도권과밀억제권역 밖에서 창업하는 경우에만 창업 감면을 받을 수 있다. 보다 구체적으로 수도권과밀억제권역 밖에서 창업하는 경우 50%를 세액감면 해주고, 수도권과밀억제권역 내에서 창업하는 경우 창업감면을 받을 수 없다. 단, 청년창업에 해당되는 경우에는 수도권과밀억제권역 밖에서 창업하는 경우 100%를 세액감면 해주고, 수도권과밀억제권역 내에서 창업한다고 하더라도 청년이면 50%를 세액감면 해주고 있다. 인구나 기업이 밀집된 곳에서 창업하는 것보다 이 지역 밖에서 창업하도록 정책적으로 장려하는 것이다.

[과밀억제권역 범위(수도권정비계획법 시행령 별표 1)]

1. 서울특별시
2. 인천광역시[강화군, 옹진군, 서구 대곡동 · 불로동 · 마전동 · 금곡동 · 오류동 · 왕길동 · 당하동 · 원당동, 인천경제자유구역(경제자유구역에서 해제된 지역을 포함한다) 및 남동

국가산업단지는 제외한다.]

3. 의정부시

4. 구리시

5. 남양주시(호평동, 평내동, 금곡동, 일패동, 이패동, 삼패동, 가운동, 수
   석동, 지금동 및 도농동만 해당한다.)

6. 하남시

7. 고양시

8. 수원시

9. 성남시

10. 안양시

11. 부천시

12. 광명시

13. 과천시

14. 의왕시

15. 군포시

16. 시흥시[반월특수지역(반월특수지역에서 해제된 지역을 포함한
    다)은 제외한다.]

세 번째는 나이 요건이다. 창업 당시 청년인지 아닌지에 따라 감면
율이 다르다. 세법상 청년은 만 15세부터 만 34세까지를 청년으로 구

분한다. 단, 병역을 이행했다면 실제 그 기간만큼 최대 6년을 차감하여 나이를 계산한다. 예를 들어, 창업 당시 만 35세라면 청년에 해당하지 않지만, 군 복무기간이 2년이 있다면 만 33세로 보고 청년으로 본다. 앞서 본 것처럼 청년창업에 해당이 되면, 수도권과밀억제권역 안에서 창업하더라도 50% 창업감면을 적용해주고, 수도권과밀억제권역이 밖에서 창업하면 100% 창업감면을 적용해 준다.

마지막으로, 세법상 최초 창업에 해당이 되어야 한다. 나머지 요건이 충족되더라도 세법상 최초 창업에 해당되지 않으면 창업감면을 적용받을 수 없다. 아주 간단하게 보이는 요건이지만 세세하게 검토해 보면 이 부분을 충족하지 못해서 창업감면 적용이 안 되는 경우가 많다. 일반적으로 새롭게 사업을 시작하면 창업이라고 말하지만, 세법상 최초 창업은 그 개념이 좀 다르다. 그렇다면, 세법상 창업으로 보지 않는 경우는 어떤 경우일까? 기존에 다른 사장님이 하던 사업을 사업양수도를 통해서 승계하는 경우나, 개인사업자를 폐업하고 법인으로 전환하는 경우, 기존 사업에서 다른 업종을 추가하는 경우 등은 세법상 창업으로 보지 않는다.[*] 실무적으로 다른 요건을 모두 충족하였으나 이 부분에서 요건을 충족하지 못하여 창업감면을 받지 못하는 경우가 자주 있다. 해외구매대행업 사업자 중 대표적으로 창업감면이 적용되지 않는 경우는 다른 온라인 쇼핑몰

---

[*] 조세특례제한법 제6조 제10항.

을 2~3년 전에 하다가 폐업하고 이번에 해외구매대행업을 하는 경우다. 사업자는 '저는 해외구매대행업이 처음입니다. 무조건 창업감면 대상이지 않나요?'라고 말씀 주시는데, 온라인 쇼핑몰은 통신판매업에 해당하기 때문에 이를 폐업하고 다시 통신판매업인 해외구매대행업을 하는 것은 세법상 최초 창업으로 보지 않아서 창업감면을 적용받을 수 없다. 이처럼 우리가 생각하는 창업의 개념과 세법상 창업은 개념이 다르기 때문에, 이에 대한 부분은 반드시 전문가의 판단을 받아보아야 한다.

[세법상 창업으로 보지 않는 경우]

1. 합병, 분할, 현물출자 등을 통하여 종전의 사업을 승계하는 경우
2. 개인사업자를 법인으로 전환하여 법인을 설립하는 경우
3. 폐업 후 사업을 다시 개시하여 폐업 전의 사업과 같은 종류의 사업을 하는 경우
4. 사업을 확장하거나 다른 업종을 추가하는 경우 등 새로운 사업을 개시하는 것으로 보기 곤란한 경우

🖱 자주 묻는 Q&A

Q 사업자가 3개가 있다면 3개의 사업장에서 발생한 모든 소득을 감면해주는 것인가요?

A 창업감면의 적용은 최초로 창업을 한 사업장의 소득에 대해서 감면해준다. 따라서 해외구매대행업으로 복수의 사업장을 운영하고 있다면, 첫 번째로 최초 창업을 한 사업장(감면대상이 되는 사업장)의 소득에 대해서만 감면 적용된다. 물론, 창업감면 업종에 해당되고 다른 업종을 창업하는 경우 모두 적용받을 수 있다.

예시1) 해외구매대행업 1사업장, 2사업장, 3사업장 창업 시 〉 동일한 업종의 사업장이 3개이므로 1사업장만 최초 창업으로 감면 가능. 2사업장, 3사업장 창업감면 불가.

예시2) 해외구매대행업 1사업장, 음식점업 1사업장 창업 시 〉 해외구매대행업, 음식점업 모두 최초 창업으로 창업감면 적용 가능.

Q 최초 창업 당시 청년이었으나, 현재 청년이 아니게 되는 경우 감면율이 변동되나요?

A 창업감면은 최초창업 당시의 요건으로 판단한다. 따라서, 창업 당시 청년인지가 중요하다. 창업 당시 청년 창업기업

에 해당하고 수도권 과밀억제권역 밖에서 창업을 하였다면 100% 감면을 받을 수 있고 수도권 과밀억제권역 안에서 창업을 한 경우라면 50%를 계속해서 감면받을 수 있다. 창업 당시 청년인 경우에 적용되는 감면율은 변동이 되지 않는다.

Q 창업감면 적용을 받기 위해서는 사전에 별도의 신청을 하는 것이 있나요?

A 창업감면요건에 충족하여 세액감면을 받게 되는 경우 종합소득세 및 법인세 신고 시, 세액감면신청서 등 서식을 작성하여서 제출하면 된다. 신고 기간 외 감면을 받기 위해서 별도로 신청해야 하는 절차는 없다.

Q 감면 대상임에도 불구하고 감면받지 못한 경우 올해부터 5년간 감면받을 수 있나요?

A 창업감면의 적용 기간은 최초로 소득이 발생한 연도부터 시작되는 것으로 임의로 감면기간을 설정할 수는 없다. 만약 감면요건이 충족되었으나 창업감면을 적용받지 못하여 납부세액이 있는 경우라면 경정청구를 통해서 납부세액을 돌려받을 수 있다.

2

어떤 경우 창업감면 적용을
받을 수 없는 걸까?

　　창업감면을 적용받기 위해서는 요건에 충족되어야 한다. 당연하게도 창업감면을 적용할 수 있는 업종을 영위하여야 하고, 청년이라면 일부 감면을 받을 수 있지만 기본적으로 수도권과밀억제권역 밖에서 사업장 주소지를 두고 창업해야 한다. 이러한 요건들을 모두 충족하였음에도 불구하고 창업감면이 적용되지 않는 경우가 있는데, 바로 세법상 최초 창업 요건을 충족하지 못한 경우다. 업종이나 지역, 나이와 같은 요건은 사실상 굉장히 명확하므로 세무전문가의 도움을 받지 않더라도 사업자 스스로 판단해볼 수가 있다. 하지만, 세법상 최초 창업으로 볼 수 있는지에 대한 판단은 일반적으로 생각하는 창업과는 차이가 있으므로 반드시 전문가의 검토를 받아야 한다. 법인세와 종합소득세 신고 기간이 되면 항상 "회계사님, 저는 해외구매대행업을 처음 시작했습니다. 당연히 창업감면이 가능하지요?"라며 물어보시는 사업자가 많다. 실무적으로 검토를 해보면 가능한 경우도 당연히 있지만, 그렇지 않은 사업자도 생각보다 많다. 아예 처음부터 감면 대상이 되지 않는 사업자라면 별수 없다. 하지만, 단순 실수로 또는 다른 방식으로 감면을 받을 수 있는 사업자의 경우에는 작게는 수십만 원부터 많게는 수천만 원에 달하는 세금을 감면받지 못하게 되어 억울할 수 있다. 그러나, 이미 엎질러진 물은 주워 담기가 어렵다. 어떤 경우 창업감면 적용이 되지 않는지 미리 알고 있는 것은 그래서 중요하다. 실무상 가장 많이 발생하는 감면 배제 사유와 사례를 통해서 최초창업에 해당이 되지 않는 경우는 어떤 것들이 있는지 알아보자.

📖 창업감면 적용이 배제되는 사례 연구

사례 1. 업종을 추가하는 경우

사업자 A는 오프라인 의류 판매사업자이다. 최근 해외구매대행업을 알게 되어 해외구매대행업을 시작하기 위해서 사업자등록을 먼저 알아보고 있었다. 사업자등록을 할 마땅한 주소가 없어 전/월세로 본인이 살고 있는 집 주소로 사업자등록을 하기로 하였으나 집주인이 동의해 주지 않았다. 결국, 기존 의류 판매사업자에 업종을 추가하여 해외구매대행업을 시작하였다. 해외구매대행업이 창업감면 대상 업종에 해당한다는 사실을 알게 되었고 5월 종합소득세 신고 기간에 창업감면을 적용해줄 것을 회계사무실에 요청하였다. 사업자 A는 기존 사업자에 업종을 추가한 상황에 해당하였다. 기존 사업자에 업종을 추가하는 것은 세법상 최초창업으로 인정받지 못하기 때문에 결국 사업자 A는 창업감면을 받을 수 없었다. 만약 사업자 A가 사업을 하기 전 이 부분에 대해서 세무전문가로부터 컨설팅받았더라면 어떻게 되었을까? 수도권 과밀억제권역 밖에 있는 소호사무실, 공유오피스 등에 사업자등록을 하도록 하여서 창업감면을 받을 수도 있었을 것이다.

사례 2. 업종 변경을 하는 경우

사업자 B는 해외구매대행업을 시작하기에 앞서 사업자등록을 홈택스에서 직접 신청하였다. 처음 사업자등록을 해보아서 해외구매대행업이라는 별도의 업종이 있는 것을 몰랐다. 그러던 중 최대한 비슷해 보이는 업종을 골라서 사업자등록을 하였다. 사업자 B는 사업자등록 이후 해외직구대행업 업종코드(525105)가 있다는 것을 알게 되어 사업자등록증 상 업종을 정정하였다. 사업자 B는 종합소득세 신고 기간에 창업감면 적용을 회계사무실에 요청하였으나 창업감면을 적용받을 수 없었다. 왜냐하면, 업종을 변경하는 경우 세법상 창업으로 보지 않기 때문이다. 단순히 잘 몰라서 또는 실수로라도 사업자등록 시 잘못된 업종으로 등록 후 다시 정정 신고를 하게 되더라도 세법상 최초창업으로 보지 않아서 창업감면 적용이 되지 않는 것이다. 단순해 보이지만, 실무적으로 종종 일어나는 사례로 사업자등록부터 세무전문가의 도움을 받아서 창업감면까지 고려하여 사업자를 등록했더라면 5년 동안 세금을 아낄 수도 있었을 것이다.

사례 3. 사업장을 양수도 받는 경우

대학생 때 해외구매대행업을 시작한 사업자 C는 최근 취업을 하게 되면서 회사 취업 관련 규정과 취직한 회사의 업무 부담으로 인하여 더 이상 본인 명의로 사업을 계속 진행할 수가 없게 되었다. 어쩔 수 없이 현재 소득 활동을 안 하는 동생에게 사업장을 넘기기로 하였다. 오픈마켓인 스마트스토어 등은 양도 양수가 가능한데 동생 명의로 넘긴다면 그간 열심히 쌓아온 구매후기 등과 같은 사업적인 데이터를 그대로 살릴 수 있다. 사업자 C는 지난 2년간 창업감면 적용을 받아 왔고 3년이 남았는데, 양수받은 동생이 남은 기간 창업감면을 받을 수 있는지 확인 요청을 하셨다. 사업장의 양도, 양수의 경우는 세법상 창업으로 보지 않는다. 따라서, 동생은 감면 적용을 받을 수가 없었다.

사례 4. 사업용 계좌 미신고, 현금영수증 가맹점 등에 미가입하는 경우

사업자 E는 음식점업을 하면서 새롭게 사업자를 내서 해외구매대행업을 시작하였다. 그러면서 새롭게 시작한 해외구매대행업에 대해서 창업감면 적용이 가능한지 검토를 요청해 주셨다. 검토 결과 창업감면을 적용받는 데 큰 문제가 없어 보여서 감면 대상이 된다고 안내를 드렸다. 하지만 예상치 못한 복병을 만났다. 5월이 되어 종합소득세 신고를 하기 위해 확인해 보니 사업용 계좌 미신고로 인한 가산세 대상자로 분류되어 있던 것이다. 업종, 지역, 나이, 세법상 창업과 같이 창업감면과 관련하여 모든 요건을 충족하더라도 사업용 계좌를 미신고하는 경우 세법에서는 창업감면을 배제하도록 하고 있다. 사업용 계좌 신고의무는 복식부기의무자에게만 있다. 해외구매대행업을 하는 개인사업자가 복식부기의무자가 되기 위해서는 직전년도 매출기준이 3억 원으로 높아서, 해외구매대행업만 하면서 복식부기의무자인 경우는 잘 없다. 하지만, 사업자 E처럼 다른 사업장에서 매출이 높아 복식부기의무자가 된 경우에는 새롭게 사업자를 내면 새롭게 낸 사업자는 매출 규모와 상관없이 복식부기의무자가 된다. 따라서, 사업용 계좌 신고의무도 생기게 되는 것이다. 이처럼 기존에 복식부기의무자가 해외구매대행업을 할 때는 더욱더 주의해야 한다.

그 외에도 현금영수증 가맹점에 미가맹이 되어도 창업감면이 배제된다. 특히, 해외구매대행업은 2023년부터 현금영수증 의무 가맹 사업자로 지정이 되었기 때문에 반드시 현금영수증 가맹점에 반드시 가입하여야 한다. 단순히, 온라인에서 사업을 하므로 직접 현금영수증을 발급할 일이 없겠지 하며, 현금영수증 가맹점에 가입하지 않다가는 창업감면 배제와 같은 문제가 발생하는 것이다. 사실 조금만 챙기면 되는 일인데, 귀찮거나 대수롭지 않게 생각해서 창업감면을 받지 못하는 사업자가 매년 보인다. 너무 안타깝지만 이미 발생한 사건은 되돌릴 수가 없다. 이런 부분까지 미리 챙기거나 챙겨줄 수 있는 세무전문가를 옆에 두자.

🖱 자주 묻는 Q&A

Q 단독사업장에서 공동사업자가 되는 경우에는 어떻게 감면이 어떻게 되나요?

A 사업자 A가 단독으로 운영 중(창업감면 적용 중)에 B와 함께 공동사업장으로 변경한 경우, A는 잔존 감면 기간에 손익분배 비율에 상당하는 부분에 대해서만 창업감면이 적용된다. B는 A가 최초 창업한 사업에 공동으로 참여했기에 창업으로 볼 수 없다. 따라서, B는 창업감면 적용을 받을 수 없다.

Q 창업 당시의 주소지에서 사업장을 이전하게 된다면 감면도 변동이 되나요?

A 사업을 하다 보면 주소지를 이전할 일이 생길 수 있다. 주소지에 따라 창업감면율이나 감면적용이 달라지는데, 주소를

이전하게 되면 감면적용도 변경이 되는 걸까? 최초 창업 이후 수도권과밀억제권역 안에서 수도권과밀억제권역 안으로 이전하거나 수도권과밀억제권역 밖에서 밖으로 이전하는 경우에는 크게 문제가 없지만, 수도권과밀억제권역 안에서 밖으로나 반대로 밖에서 안으로 이전하는 경우 감면적용이 달라질 수 있으므로 주의가 필요하다.

사례 1. 수도권과밀억제권역 밖 > 안으로 사업장을 이전하는 경우

수도권과밀억제권역 밖에서 억제권역 안으로 사업장을 이전하게 되면 이전일이 속하는 과세연도부터 남은 감면 기간에 창업중소기업은 수도권과밀억제권역에서 창업한 것으로 본다.[*] 따라서, 청년창업중소기업인 경우에는 100%에서 50%로 감면율이 변하고, 일반창업중소기업인 경우에는 50%에서 감면이 배제된다.

사례 2. 수도권과밀억제권역 안 > 밖으로 사업장을 이전하는 경우

반대로, 수도권과밀억제권역 내에서 억제권역 밖으로 사업장을 이전하면 어떻게 될까? 이때에는 최초 창업 당시로 판단하여, 청년창업중소기업인 경우 50% 감면을 그대로 적용하고, 일반창업중소기업의 경우에는 최초에 감면이 배제되었기 때문에 그대로 감면을

---

[*] 서면-2019-법령해석소득-3821[법령해석과-388], 2020.02.07.

적용하지 않는다. 결국, 청년창업중소기업의 경우에는 50%로 감면을 받을 수 있게 되고, 일반창업중소기업의 경우에는 감면 자체를 받을 수가 없게 된다.

[수도권과밀억제권역 내외로 이전 시 감면율 적용]

현재(이전 전) \ 이전 후	수도권과밀억제권역 내(內)	수도권과밀억제권역 외(外)
수도권과밀억제권역 내(內)	변동 없음.	청년 : 50% 〉 50% 일반 : 0% 〉 0%
수도권과밀억제권역 외(外)	청년 : 100% 〉 50% 일반 : 50% 〉 0%	변동 없음.

3
창업감면 요건에 해당하지 않는 경우,
전혀 방법이 없을까?

창업감면에 대해서 강의하다 보면 약간은 억울한(?) 사업자가 있다. 현재 거주하는 집 근처에서 별 고민 없이 창업했는데, 알고 보니 사업장의 주소지가 수도권과밀억제권 안에 있는 데다가 나이가 많은 것도 서러운데 청년이 아니라는 이유로 감면을 배제 받는다니 억울하다는 하소연이다.

창업을 장려하는 입법취지에 비추어 본다면, 창업자의 나이가 청년이든 청년이 아니든 간에 창업감면을 해주는 게 맞는 것 같기도 한데 어쨌거나 제도화된 입법상으로는 다른 요건을 충족하더라도 나이가 청년이 아니면서 사업장 주소지가 수도권과밀억제권역 내에 있으면 창업감면을 받을 수 없다. 이런 경우에는 아무런 방법이 없을까? 조세특례제한법에서는 청년이 아니더라도 수입금액이 적은 사업자의 경우 감면을 적용해주도록 별도의 조항을 두고 있는데,* 이를 생계형 창업이라고 한다. 생계형 창업에 해당이 되는 경우 청년 여부와 상관없이 50%에서 100%까지 소득세나 법인세를 감면받을 수 있으므로, 매출이 적은 사업자라면 생계형 창업에 해당이 되는지 검토해보아야 한다.

생계형 창업감면이란?

그렇다면, 구체적으로 생계형 창업감면 적용 대상은 어떻게 될까? 과세 연도에 발생한 연간 수입금액이 8,000만 원 이하면 생계형 창업감면을 적용받을 수 있다. 2021년도까지는 수입금액 기준이 4,800만 원으로 매우 작았으나, 현재에는 8,000만 원으로 상향되었기 때문에 그 대상이 더 크게 확대되었다.

해외구매대행업의 경우에는 생계형 창업감면 적용이 매우 유리하다. 여기서 말하는 수입금액이란 사업자의 매출액 등을 말하는데, 해외구매대행업의 매출신고금액은 총판매가액에서 해외물품매입액과 배송대행지수수료 등을 차감한 금액인 순매출을 매출액으로 신고하기 때문이다. 따라서, 해외구매대행업을 이제 막 시작했거나, 해외구매대행업 초기단계에 있는 사업자라면 대부분은 생계형 창업감면을 적

---

* 조세특례제한법 제6조 제6항

용받을 수 있다.

생계형 창업감면은 청년 여부를 고려하지 않는다. 나이와 상관없이 대상이 된다면, 사업장소재지가 수도권 과밀억제권역 밖에 있으면 100% 감면을 수도권과밀억제권역 내에 있으면 50% 감면을 5년간 적용받을 수 있다.

TIP. 개업한지 1년 미만인 경우는 어떻게 판단할까?

개업한 지 1년이 되지 않아 과세기간이 1년 미만일 때 과세연도의 수입금액은 1년으로 환산한 총수입금액을 기준으로 생계형 창업 여부를 판단한다. 예를 들어, 7월 1일에 개업하여 7월부터 12월까지 수입금액이 6천만 원이라고 가정해보자. 1년 동안 벌어들인 수입금액만 놓고 본다면 8천만 원이하라서 생계형 창업에 해당할 것처럼 보인다. 하지만, 과세기간이 1년 미만이면 1년으로 환산해서 판단하므로, 1년으로 환산 시 1.2억 원(6천만 원×12개월/6개월)이 되어 생계형 창업 기준금액인 8천만 원을 넘게 되어 생계형 창업감면을 받을 수 없다.

📖 생계형 창업기업 감면도 업종과 세법상 최초 창업요건은 충족해야 한다

생계형 창업기업으로 창업감면을 받기 위해서는 수입금액 기준이 되는 8,000만 원 이하인 생계형 창업기업의 기준에 충족해야 하지만, 그에 앞서 업종과 세법상 창업요건은 일반적인 창업감면 적용 기준과 마찬가지로 반드시 충족하여야 한다. 만약 세법상 창업요건에 해당이 되지 않거나 감면 대상이 되는 업종이 아니라면 매출 규모가 작아서 생계형 창업기업에 해당할지라도 창업감면을 받을 수 없다.

예를 들어, 수입금액이 8,000만 원 미만인 해외구매대행업 사업자가 재창업, 업종추가, 양도·양수 등의 사유로 세법상 창업으로 보기 힘든 경우라면 창업감면 자체를 적용받을 수 없으므로 주의하여야 한다.

구분	사업장 소재지(기간, 감면율)	
	수도권 과밀억제권역 내(內)	수도권 과밀억제권역 외(外)
일반 창업 (청년 외)	–	5년 50%
청년 창업	5년 50%	5년 100%
생계형 창업	5년 50%	5년 100%

[상황별 창업감면율 비교]

📖 자주 묻는 Q&A

Q 생계형 창업의 수입금액 8,000만 원 이하 기준을 판단할 때

근로소득이 있는 경우 근로소득도 포함이 되나요?

A   최근에는 부업이나 투잡으로 해외구매대행업을 하는 사업자도 많다. 이런 사업자의 경우 종업원으로 고용된 사업장에서 발생한 근로소득이 있을 수가 있다. 근로소득이 있는 경우에 생계형 창업은 어떻게 판단될까? 생계형 창업감면은 사업소득에만 적용된다. 따라서, 근로소득은 창업감면 소득도 아니고, 판단기준 소득에도 포함되지 않는다. 예를 들어, 근로소득이 1억 원인 근로소득자이면서 부업으로 해외구매대행업으로 수입금액이 2,000만 원 발생하였다고 한다면, 총수입 합계는 1.2억 원으로 생각할 수 있지만, 생계형 창업을 판단하는 수입금액은 2,000만 원이므로 사업소득에 대해서 생계형 창업감면 적용은 가능하다.

Q   생계형 창업감면을 적용한다면 얼마나 세금을 절세할 수 있나요?

A   생계형 창업감면 대상자마다 적용받는 소득공제와 감면이 다르므로 무조건 수입금액이 얼마이면 얼마를 감면받을 수 있다고 말하기는 쉽지 않다. 대략 생각해본다면, 수입금액이 8천만 원이고 관련 경비를 70% 정도 사용하였다고 하였을 때, 본인 인적공제 등만 고려한다면 종합소득세 납부세액은 2백만 원 정도 나온다. 수도권과밀억제권역 안에 주소지가 있으면 2백만 원의 50% 정도를 감면받을 수 있고, 그렇지 않다면 100%를

감면받을 수 있는 것이다. 만약, 동일하게 수입금액이 발생하였다고 하더라도 근로소득이나 다른 소득으로 인하여 세율구간이 더 높은 사업자라면 종합소득세 납부세액은 2백만 원보다 더 높아질 수도 있는데, 이러한 경우도 마찬가지로 수도권과밀억제권역 안에서 창업했는지, 아닌지에 따라서 그 비율대로 감면을 적용받을 수 있을 것이다.

4

해외구매대행에 적합한 그 밖의
공제 감면제도는 무엇이 있을까?

　　사업자를 위한 절세 제도 중 창업중소기업 세액감면 제도(이하, 창업감
면) 이외에도 다양한 세액감면과 공제 제도가 존재한다. 수많은 감면 공
제 제도를 모두 다 알 필요는 없지만, 그래도 내가 하는 사업과 관련하
여 어떤 감면, 공제 제도를 적용받을 수 있는지 알아두면 회계사와 절세
와 관련하여 대화를 나누기에도 더 유리하다. 그렇다면 창업중소기업
세액감면 제도 이외에 어떤 감면 공제 제도가 있을까? 알아두면 좋은
세액감면과 세액공제를 알아보자.

📖 알아두면 좋은 세액감면제도 : 중소기업에 대한 특별세액감면

　　중소기업 특별세액감면은 창업감면과 마찬가지로 요건을 충족한 사

업장에 대해서 개인사업자라면 종합소득세를, 법인사업자라면 법인세 납부세액을 감면해주는 제도다. 중소기업 특별세액감면을 받기 위해서는 업종, 규모, 소재지 3가지 요건을 충족해야 하는데 이 3가지 요건에 따라 최소 5%에서 최대 30%까지 납부세액을 감면받을 수 있다. 이를 좀 더 자세히 알아보면 다음과 같다.

첫 번째, 업종이다. 창업감면과 마찬가지로 감면 가능한 업종을 나열하고 있는데, 업종은 다음과 같다.

[중소기업에 대한 특별세액감면 감면대상 업종]

1. 감면 업종

가. 작물재배업

나. 축산업

다. 어업

라. 광업

마. 제조업

바. 하수 · 폐기물 처리(재활용을 포함한다), 원료재생 및 환경복원업

사. 건설업

아. 도매 및 소매업

자. 운수업 중 여객운송업

차. 출판업

카. 영상 · 오디오 기록물 제작 및 배급업(비디오물 감상실 운영업

은 제외한다)

타. 방송업

파. 전기통신업

하. 컴퓨터프로그래밍, 시스템 통합 및 관리업

거. 정보서비스업(블록체인 기반 암호화자산 매매 및 중개업은 제외한다)

너. 연구개발업

더. 광고업

러. 그 밖의 과학기술서비스업

머. 포장 및 충전업

버. 전문디자인업

서. 창작 및 예술관련 서비스업(자영예술가는 제외한다)

어. 대통령령으로 정하는 주문자상표부착방식에 따른 수탁

생산업(受託生産業)

저. 엔지니어링사업

처. 물류산업

커. 「학원의 설립·운영 및 과외교습에 관한 법률」에 따른 직
업기술 분야를 교습하는 학원을 운영하는 사업 또는 「국
민 평생 직업능력 개발법」에 따른 직업능력개발훈련시설
을 운영하는 사업(직업능력개발훈련을 주된 사업으로 하는 경우에 한
정한다)

터. 대통령령으로 정하는 자동차정비공장을 운영하는 사업

퍼.「해운법」에 따른 선박관리업

허.「의료법」에 따른 의료기관을 운영하는 사업[의원·치과의원 및 한의원은 해당 과세연도의 수입금액(기업회계기준에 따라 계산한 매출액을 말한다)에서「국민건강보험법」제47조에 따라 지급받는 요양급여비용이 차지하는 비율이 100분의 80 이상으로서 해당 과세연도의 종합소득금액이 1억원 이하인 경우에 한정한다. 이하 이 조에서 "의료업"이라 한다]

고.「관광진흥법」에 따른 관광사업(카지노, 관광유흥음식점 및 외국인전용유흥음식점업은 제외한다)

노.「노인복지법」에 따른 노인복지시설을 운영하는 사업

도.「전시산업발전법」에 따른 전시산업

로. 인력공급 및 고용알선업(농업노동자 공급업을 포함한다)

모. 콜센터 및 텔레마케팅 서비스업

보.「에너지이용 합리화법」제25조에 따른 에너지절약전문기업이 하는 사업

소.「노인장기요양보험법」제31조에 따른 장기요양기관 중 재가급여를 제공하는 장기요양기관을 운영하는 사업

오. 건물 및 산업설비 청소업

조. 경비 및 경호 서비스업

초. 시장조사 및 여론조사업

코. 사회복지 서비스업

토. 무형재산권 임대업(「지식재산 기본법」제3조제1호에 따른 지식재산을 임대하는 경우로 한정한다)

포. 「연구산업진흥법」제2조제1호나목의 산업

호. 개인 간병 및 유사 서비스업, 사회교육시설, 직원훈련기관, 기타 기술 및 직업훈련 학원, 도서관·사적지 및 유사 여가 관련 서비스업(독서실 운영업은 제외한다)

구. 「민간임대주택에 관한 특별법」에 따른 주택임대관리업

누. 「신에너지 및 재생에너지 개발·이용·보급 촉진법」에 따른 신·재생에너지 발전사업

두. 보안시스템 서비스업

루. 임업

무. 통관 대리 및 관련 서비스업

부. 자동차 임대업(「여객자동차 운수사업법」제31조제1항에 따른 자동차 대여사업자로서 같은 법 제28조에 따라 등록한 자동차 중 100분의 50 이상을 「환경친화적 자동차의 개발 및 보급 촉진에 관한 법률」제2조제3호에 따른 전기자동차 또는 같은 조 제6호에 따른 수소전기자동차로 보유한 경우로 한정한다)

해외구매대행업의 경우 중소기업특별세액감면이 적용이 가능한 업종일까? 해외구매대행업은 도소매업으로 구분되므로 중소기업특

별세액감면 적용이 가능한 업종이다. 다만, 창업감면을 적용받고 있다면, 중복해서 적용받을 수는 없다. 따라서, 창업감면으로 감면 적용을 다 받고 나서 중소기업 특별세액감면을 적용받으면 된다.

두 번째, 규모 요건이다. 중소기업에 해당되어야 한다. 중소기업이란 중기업과 소기업으로, 중기업의 경우 업종별 매출액이 〈중소기업기본법 시행령 별표1〉에 따른 규모 기준 이내의 기업을 말하고, 소기업의 경우 〈중소기업기본법 시행령 별표 3〉에 따른 규모 기준 이내의 기업을 말한다. 해외구매대행업의 경우 도소매업으로 분류되는데 도소매업은 중기업은 평균매출액 등이 1,000억 원 이하면 중기업에 해당하고 평균매출액 등이 50억 원 이하이면 소기업으로 분류된다. 소기업에 해당하는 기업은 중기업에 해당하는 기업보다 세액감면율이 더 높고, 중기업이면서 수도권 내에 있으면 세액감면을 받을 수도 없다. 해외구매대행업 사업자는 매출로 신고하는 금액이 총판매금액에서 해외매입금액과 배송대행지 수수료 등을 차감한 금액을 매출로 신고하므로 대부분은 소기업에 해당이 된다.

마지막으로, 소재지 요건이다. 사업장소재지가 수도권에 속해 있는지 그 외의 지역에 속해 있는지에 따라 감면율이 다르고 감면이 배제될 수 있다. 여기서 말하는 수도권이란 창업감면에서 말하는 지역요건보다 더 넓은 범위를 뜻하는데, 창업감면에서 규정하고 있는 과밀억제권역에 더해서 성장관리권역, 자연보전권역을 모두 포함한 지역을 뜻한다.

[수도권의 범위 ^{수도권정비계획법 시행령 [별표1]}]

과밀억제권	과밀억제권	과밀억제권
1. 서울특별시 2. 인천광역시[강화군, 옹진군, 서구 대곡동·불로동·마전동·금곡동·오류동·왕길동·당하동·원당동, 인천경제자유구역(경제자유구역에서 해제된 지역을 포함한다) 및 남동국가산업단지는 제외한다] 3. 의정부시 4. 구리시 5. 남양주시(호평동, 평내동, 금곡동, 일패동, 이패동, 삼패동, 가운동, 수석동, 지금동 및 도농동만 해당한다) 6. 하남시 7. 고양시 8. 수원시 9. 성남시 10. 안양시 11. 부천시 12. 광명시 13. 과천시 14. 의왕시 15. 군포시 16. 시흥시[반월특수지역(반월특수지역에서 해제된 지역을 포함한다)은 제외한다]	1. 인천광역시[강화군, 옹진군, 서구 대곡동·불로동·마전동·금곡동·오류동·왕길동·당하동·원당동, 인천경제자유구역(경제자유구역에서 해제된 지역을 포함한다) 및 남동국가산업단지만 해당한다] 2. 동두천시 3. 안산시 4. 오산시 5. 평택시 6. 파주시 7. 남양주시(별내동, 와부읍, 진전읍, 별내면, 퇴계원면, 진건읍 및 오남읍만 해당한다) 8. 용인시(신갈동, 하갈동, 영덕동, 구갈동, 상갈동, 보라동, 지곡동, 공세동, 고매동, 농서동, 서천동, 언남동, 청덕동, 마북동, 동백동, 중동, 상하동, 보정동, 풍덕천동, 신봉동, 죽전동, 동천동, 고기동, 상현동, 성복동, 남사면, 이동면 및 원삼면 목신리·죽릉리·학일리·독성리·고당리·문촌리만 해당한다) 9. 연천군 10. 포천시 11. 양주시 12. 김포시 13. 화성시 14. 안성시(가사동, 가현동, 명륜동, 숭인동, 봉남동, 구포동, 동본동, 영동, 봉산동, 성남동, 창전동,	1. 이천시 2. 남양주시(화도읍, 수동면 및 조안면만 해당한다) 3. 용인시(김량장동, 남동, 역북동, 삼가동, 유방동, 고림동, 마평동, 운학동, 호동, 해곡동, 포곡읍, 모현면, 백암면, 양지면 및 원삼면 가재월리·사암리·미평리·좌항리·맹리·두창리만 해당한다) 4. 가평군 5. 양평군 6. 여주시 7. 광주시 8. 안성시(일죽면, 죽산면 죽산리·용설리·장계리·매산리·장릉리·장원리·두현리 및 삼죽면 용월리·덕산리·율곡리·내장리·배태리만 해당한다)

214

| | | 낙원동, 옥천동, 현수동, 발화동, 옥산동, 석정동, 서인동, 인지동, 아양동, 신흥동, 도기동, 계동, 중리동, 사곡동, 금석동, 당왕동, 신모산동, 신소현동, 신건지동, 금산동, 연지동, 대천동, 대덕면, 미양면, 공도읍, 원곡면, 보개면, 금광면, 서운면, 양성면, 고삼면, 죽산면 두교리·당목리·칠장리 및 삼죽면 마전리·미장리·진촌리·기솔리·내강리만 해당한다)
15. 시흥시 중 반월특수지역 (반월특수지역에서 해제된 지역을 포함한다) | |

중소기업특별세액감면의 업종과 기업규모를 조합한 감면율은 다음과 같다.

[중소기업 특별세액감면 감면율]

구분		감면율	
		도매 및 소매업, 의료업	그 외 업종
소기업	수도권	10%	20%
	수도권 외		30%
중기업	수도권	감면배제	
	수도권 외	5%	15%

해외구매대행 사업자의 경우 도소매업으로 분류되고 대부분 소기업이기 때문에 위의 표에서 알 수 있듯이 지역에 상관없이 10%의 세액감면을 적용받을 수 있다.

[소기업 판단 매출기준 표]

업종	매출액
식료품 제조업, 음료 제조업, 가구 제조업, 전기, 가스, 수도업 등	120억 원 이하
농업, 광업, 어업, 임업, 담배 제조업, 목재 및 나무제품 제조업, 건설업, 운수 및 창고업 등	80억 원 이하
도매 및 소매업, 정보통신업	50억 원 이하
부동산업, 폐기물처리, 전문과학 및 기술 서비스업	30억 원 이하
숙박 및 음식점업, 교육서비스업, 보건업 및 사회복지 서비스업 등	10억 원 이하

TIP. 여러 개의 사업장을 운영하는 경우

실무적으로 해외구매대행업을 하시는 사업자 중에서 사업장이 하나가 아닌 복수의 사업장을 운영하는 경우가 많다. 최초 창업을 한 사업장이 창업감면을 적용받는 경우 두 번째, 세 번째 창업한 사업장에서는 창업감면을 중복해서 적용받을 수가 없다. 이 경우 창업감면 적용을 받지 못하는 두 번째, 세 번째 사업장에서는 중소기업에 대한 특별세액감면을 적용받을 수 있다. 따라서, 이러한 사업자라면 창업감면 외 추가적인 세액감면이 가능하므로 놓치지 않도록 해야 한다.

🖱 알아 두면 좋은 세액공제제도 : 고용을 증대시킨 기업에 대한 세액공제

다음으로 알아두면 좋은 세액공제제도 중 하나는 고용을 증대시킨 기업에 대한 세액공제(이하, 고용증대세액공제)다.[*] 기업이 고용을 하고 고용인원 수를 계속해서 잘 유지한다면, 사업장소재지와 기업규모를 고려하여 기업이 유지하고 있는 상시근로자 1명당 일정 금액을 3년간 개인사업자라면 종합소득세를 법인사업자라면 법인세를 세액에서 차감해 준다. 수도권 이외의 지역에 위치한 중소기업이라면 최대 상시근로자 수 1명당 1,550만 원씩 세금에서 차감해 주기 때문에 고용하는 기업이라면 엄청나게 큰 혜택을 받을 수 있다. 통합고용세액공제를 표로 요약하면 다음과 같다.

[통합고용세액공제 공제금액]

구분	공제액(단위: 만원)			
	중소기업(3년간)		중견기업 (3년간)	대기업 (2년간)
	수도권	지방		
상시근로자	850	950	450	–
청년, 장애인, 60세이상, 경력단절여성 등	1,450	1,550	800	400

표에서 알 수 있듯이 기업규모가 작을수록, 지방에 위치할수록 더 많은 세액공제를 적용받을 수 있고, 근로자도 청년 등을 채용하는 경우

---

[*] 기존에는 중소기업에만 적용되고, 청년을 고용하는 경우, 경력단절여성은 고용하는 경우 등 여러 가지로 흩어져 있었으나 2023년부터는 '통합고용증대세액공제'로 소비성 서비스업을 제외한 모든 기업을 대상으로 일원화되었다.

더 많은 혜택을 볼 수 있음을 알 수 있다. 해외구매대행업을 지방에서 하면서 청년을 채용한다면 1,550만 원만큼 세액공제를 받을 수 있기 때문에 엄청나게 세금을 아낄 수 있게 된다. 따라서, 사업이 더 확장하여 채용계획이 있다면, 이 제도를 활용하여 세금을 절세하는 것도 좋은 방법이다.

고용증대세액공제와 관련하여 한가지 주의해야 할 사항이 있다. 고용증대세액공제는 세액공제를 받으면 까다로운 사후관리 규정이 있기 때문이다. 세액공제를 받은 연도 이후 2년 내 상시근로자 수가 감소하면 그동안 공제받은 세액을 추징당하게 된다. 따라서, 일시적으로 직원이 증가할 것으로 예상되면 고용증대세액공제를 받기는 어렵다. 최근 사후관리에 대한 정확한 설명 없이 무분별하게 경정청구를 통해 과거 고용증대에 대한 세액공제를 신청하도록 유도하여 많은 수수료를 청구하는 컨설팅 사례가 많다. 문제는 그러한 컨설팅 업체는 사후관리를 전혀 해주지 않고 경정청구로 돌려받은 금액에 대해서 수수료만 받는다. 추후 상시근로자 수가 줄어들면 사업자가 감면받은 세액을 한꺼번에 추징당할 수도 있는데, 세액공제 금액도 크기 때문에 추징당하는 금액도 많다. 심할 경우 이로 인한 폐업하는 경우가 발생할 수도 있으므로 유의해야 한다. 실무적으로 가장 좋은 방법은 지금 기장을 맡기고 있는 세무전문가를 통해서 고용증대세액공제를 받는 것이다. 계속해서 기장하고 있으므로 고용에 대한 사후관리도 같이 받을 수 있어서 추징에 대한 대비도 가능하다.

TIP. 상시근로자가 늘어도 고용증대세액공제를 받을 수 없는 경우

상시근로자가 있어도 소비성 서비스업(호텔업, 여관업, 주점업, 오락, 유흥업 등)의 경우와 대표자가 외국인인 경우에는 제외된다. 여기서 상시근로자란 근로계약을 체결하고 4대보험에 가입된 자로서 1년 미만 근로계약 근로자, 단시간 근로자, 임원, 최대주주 및 최대출자자와 가족관계, 근로소득세를 원천징수한 사실이 없거나 국민연금, 건강보험 미가입자는 제외된다.

자주 묻는 Q&A

Q 창업중소기업 세액감면과 중소기업 특별세액감면에서 말하는 업종과 지역 요건은 다른가요?

A 창업중소기업 세액감면과 중소기업 특별세액감면 둘 다 업종요건과 지역 요건이 있다. 언뜻 보기에는 비슷해 보이지만, 그 둘의 업종과 지역은 다르다. 예를 들어, 업종요건을 살펴보자, 대표적으로 음식점업은(커피전문점 등은 제외) 창업감면업종이다. 하지만, 중소기업특별세액감면의 경우 음식점업은 적용되지 않는다. 지역의 경우에도 창업감면은 과밀억제권역을 기준으로 하지만, 중소기업특별세액감면은 그

보다 더 넓은 범위인 성장관리권역과 자연보전권역을 포함하는 수도권이라는 개념을 사용하고 있다. 이처럼 비슷해 보이지만 다르므로 정확한 판단은 세무전문가에게 문의하는 것이 현명하다.

Q 중소기업에대한 특별세액감면은 한도는 없나요?

A 중소기업에 대한 특별세액감면은 감면한도가 1억 원이며 전년도보다 상시근로자 수가 감소한 경우 1억 원에서 감소한 상시근로자 1명당 5백만 원을 뺀 금액을 한도로 한다.

Q 창업감면과 고용증대세액공제는 중복 적용이 가능한가요?

A 동일한 사업연도에 「조세특례제한법」 제6조에 따라 창업중소기업 등에 대한 세액감면을 받는 경우 고용을 증대시킨 기업에 대한 세액공제와 중복으로 적용할 수 있다. 다만, 고용증대에 따른 창업중소기업 추가 감면과 고용증대세액공제는 중복으로 적용할 수 없다.

5

업무용승용차 구매 시 세금은 어떻게 될까?

사업을 하다 보면 업무 용도로 사용하기 위하여 차량이 필요할 수 있다. 더군다나 차량을 통해서 세금까지 줄일 수 있다고 한다면, 관심을 가질 수밖에 없다. 업무용 차량을 구매하는 경우 세금 관점에서는 두가지를 고려해 볼 수 있다. 한 가지는 부가가치세이고 또 다른 한 가지는 개인사업자라면 종합소득세, 법인사업자라면 법인세다. 업무용 차량을 구매하면 부가가치세는 공제받을 수 있을지, 업무용 차량을 이용하면서 발생하는 차량 관련 비용은 무엇이 있고 얼마만큼 비용으로 인정받을 수 있는 것인지 구체적으로 알아보자.

 업무용자동차 구매 시 부가가치세 공제를 받을 수 있을까?

관심이 없어서 잘 몰랐을 수도 있지만, 자동차의 구매 금액에도 부가가치세가 붙어있다. 자동차의 경우 금액이 일반적으로 1천만 원을 넘기 때문에 자동차 구매 금액에 포함된 부가가치세금액도 크다. 예를 들어, 자동차 가격이 부가가치세를 포함하여 4,000만 원이면 부가가치세가 약 364만 원 포함되어 있다. 이 경우 부가가치세를 공제받을 수 있다면, 부가가치세를 공제받지 못하는 개인보다 364만 원 정도 저렴하게 자동차를 살 수 있게 된다. 따라서, 부가가치세 공제가 가능한지는 절세관점에서 매우 중요하다.

그렇다면 업무용으로 자동차를 구매하는 경우 부가가치세 공제가 가능할까? 정답은 차량 종류에 따라 다르다. 차량에 따라 부가가치세 공제가 되는 차량이 있고, 부가가치세 공제가 안 되는 차량도 있다. 기본적으로 개별소비세가 부과되는 차량은 부가가치세 공제를 받을 수 없지만, 개별소비세가 부과되지 않는 차량은 부가가치세 공제를 받을 수 있다.[*]

개별소비세는 특정한 물품이나 특정한 장소의 입장행위 등에 개별적으로 부과하는 세금으로, 개별소비세 과세 대상 물품에 대해서는 개별소비세법에서 열거하고 있다. 개별소비세가 부과되지 않는 대표적인 차량이 모닝, 스파크 등과 같은 배기량이 1,000cc 이하에 해당하는 경차다. 경차를 구매하는 경우 부가가치세 공제를 받을 수 있다. 9인승 이상의 승용차[**]도 개별소비세가 부과되지 않는다. 따라서, 9인승

---

* 부가가치세법 제39조 제1항의 5.

** 자동차관리법상 10인 이하를 운송하기에 적합하게 제작된 자동차를 승용자동차로 11인 이상을 운송하기에 적합하게 제작된 자동차를 승합자동차로 구분하고 있지만, 이 책에서는 헷갈리지 않도록 별도의 구분 없이 승용차(또는 자동차)로 표기하였다.

이상의 승용차도 부가가치세 공제를 받을 수 있다. 9인승 차량에는 9인승 카니발, 스타렉스 등이 있다. 주의할 점은 카니발이면 무조건 부가가치세 공제가 가능한 것으로 알고 계신 사업자도 있는데, 7인승 카니발은 개별소비세 과세 대상이므로 부가가치세 공제를 받을 수 없고, 9인승 카니발만 부가가치세 공제를 받을 수 있다. 또한, 화물차도 개별소비세 과세 대상 차량이 아니므로 부가가치세 공제를 받을 수 있다. 그 밖에도 부가가치세법에서 언급하고 있는 운수업, 자동차 판매업, 자동차 임대업, 운전학원업, 기계경비업 등과 같이 업종의 특성상 차량을 영업에 직접 사용되는 영업용승용차의 경우 종류와 상관없이 부가가치세 공제를 받을 수 있다. 일반적으로 알고 있는 8인승 이하의 일반 승용차나 캠핑카, 전기자동차, 하이브리드자동차, 수소자동차, 125cc를 초과한 이륜차 등은 모두 개별소비세 과세 대상이고 부가가치세 공제를 받을 수 없는 차량에 해당한다. 이처럼 어떤 차량을 구매하는지에 따라서 부가가치세를 공제받을 수도 있고, 받지 못할 수도 있다.

구분	부가가치세 공제 차량	부가가치세 불공제 차량
차량 종류	• 경차(1,000cc 이하) • 9인승 이상 자동차 • 이륜차(125cc 이하) • 화물자동차 • 운수업, 자동차 판매업 등의 업종에 직접 영업으로 사용되는 승용차	• 8인승 이하의 자동차 • 이륜차(125cc 초과) • 캠핑용자동차(트레일러 포함) • 전기자동차 • 하이브리드자동차 • 수소자동차

[부가가치세 공제 차량, 불공제 차량]

TIP1. 간이과세자라면 주의하자

간이과세자는 매입세액 공제가 되는 항목이 아무리 많아도 부가가치세 환급이 어렵다. 따라서, 부가가치세 공제가 가능한 차량을 구매할 계획이 있다면 간이과세자에서 일반과세자로 전환이 완료된 시점 이후에 차량을 구매해야 부가가치세 환급을 받을 수 있다. 예를 들어, 6월까지 간이과세자이고 7월에 일반과세자로 전환이 된다면, 6월에 업무용 차량을 구매하지 말고, 7월에 구매하면 된다. 간이과세자에서 일반과세자로 전환이 되는 경우는 자발적으로 간이과세자를 포기하고 일반과세자로 전환되거나 전년도 매출이 8천만 원을 초과하여 일반과세자로 전환되는 경우가 있을 수 있다.

해외구매대행업을 하시는 개인사업자 중 간이과세자가 많고, 실제로 몇 달 차이로 간이과세 기간에 차량을 매입하여 부가가치세를 제대로 공제받지 못하는 경우가 종종 생긴다. 잘 몰라서 받을 수도 있었던 부가가치세 금액을 못 받는 일은 없어야겠다.

TIP2. 부가가치세 매입세액 공제를 받은 차량을 매입 후 폐업 시 주의 사항

부가가치세 매입세액공제를 받은 차량이 있는 경우 2년 이내 폐업한다면 자가공급(폐업 시 잔존재화)으로 보아 보유한 과세기간에 따라서 공제받은 매입세액을 추징하도록 규정을 두고 있다. 따라서, 폐업 시 공제받은 매입세액을 일정 비율로 추징당할 수도 있으니 매출이 없어서 폐업해도 문제가 없을 거로 생각하다가 수백만 원의 부가가치세 반납해야 할 수도 있으니 주의하자.

📑 업무용승용차 관련 비용은 무조건 인정받을 수 있을까?

차량구매 후 업무에 사용하려면 차량 유지 및 관리와 관련하여 여러 가지 비용이 발생하게 된다. 차량 취득 시에는 취/등록세가 발생하고, 매년 보험료와 자동차세도 납부해야 한다. 그리고 매월 차량을 운행하기 위해서 주유비, 수리비 등 각종 비용이 발생하고, 구매한 차량은 시간이 지남에 따라 차량의 가치가 떨어지는 감가상각비도 발생하게 된다. 이러한 비용은 모두 인정받을 수 있을까? 부가가치세 매입세액 공제가 되는 차량과 그렇지 못한 차량에 따라 비용인정도 다른데 이에 대해서도 자세히 알아보자.

⑴ 부가가치세 매입세액 공제가 되는 자동차

앞서 살펴본 바와 같이 업무용승용차에는 부가가치세법상 부가가치세 매입세액 공제가 되는 승용차와 부가가치세 매입세액 공제가 되지 않는 차량이 있다. 부가가치세 매입세액 공제가 되는 자동차는 개인사업자와 법인사업자를 불문하고 경비 처리에 있어서 별도의 규정을 적용받지 않는다. 따라서, 한도 없이 감가상각비와 주유비, 수리비, 통행료 등 차량 유지비도 한도 없이 비용처리가 가능하다.

⑵ 부가가치세 매입세액 공제가 안 되는 자동차

부가가치세 매입세액 공제가 되지 않는 차량과 관련된 비용은 비용처리에 규제가 있다. 개인사업자와 법인사업자의 규제가 비슷하지만 약간씩 차이가 있으므로 이를 구분해서 알아보자.

a. 법인사업자

법인사업자는 부가가치세 매입세액 공제되지 않는 차량 관련 감가상각비는 연간 800만 원을 한도로 경비 처리가 가능하다. 그리고 주유비, 수리비 등 차량 유지비는 감가상각비를 포함하여 연간 1,500만 원까지 비용을 인정받을 수 있다. 즉, 감가상각비를 제외한 차량유지비는 700만 원을 한도로 비용으로 인정받을 수 있는 것이다. 다만, 운행기록부를 작성한다면 차량유지비 등은 한도 없이 비용으로 인정을 받을 수 있다. 예를 들어, 법인사업자가 연초에 쏘나타를 3,300만 원에 구입하고 주유비,

수리비, 보험료 등 차량유지비로 연간 300만 원을 사용하였다고 가정해 보자. 이 경우 연간 비용으로 인정받을 수 있는 금액은 감가상각비 660만 원(=3,300만 원/5년)에 차량유지비 300만 원을 더하여 1년에 960만 원만큼 비용으로 인정받을 수 있다. 그리고 모든 업무용 차량과 관련하여 비용을 인정받기 위해서는 업무전용자동차보험(임직원전용 보험)에 가입되어 있어야 하는데, 업무전용자동차보험에 가입되어 있지 않는 차량에 대해서는 어떠한 경비도 인정받을 수 없다.[*] 더군다나, 업무전용자동차 보험에 가입되어 있지 않은데 차량과 관련하여 지출된 금액은 대표자에게 상여로 소득 처분되어 대표자의 소득으로 잡히므로 소득세가 높아질 수 있다.

b. 개인사업자

개인사업자는 복식부기의무자인 경우에만 업무용승용차 비용처리와 관련하여 규제가 적용된다. 따라서, 부가가치세 공제가 되지 않는 차량이라고 하더라도 복식부기의무자가 아니라면 전액 비용처리가 가능하다. 복식부기의무자를 판단하는 기준은 직전년도 수입금액을 기준으로 하는데, 해외구매대행업의 경우 3억 원을 넘는 경우에 복식부기의무자가 된다. 해외구매대행업만 하는 개인사업자의 경우 대부분 복식부기의무자에 해당이 되지 않기 때문에 부가가치세를 공제받지 못하는 차량을 구매하는 경우 부가가치세는 공제받지 못하지만, 차량 관련 비용은 한

---

* 법인세법시행령 제50조의2

도 없이 처리할 수 있다. 만약 복식부기의무자라면 비용처리는 어떻게 될까? 법인사업자와 마찬가지로 감가상각비는 연간 800만 원을 한도로 비용처리가 가능하다. 그리고 주유비, 수리비 등 차량유지비는 감가상각비를 포함하여 1,500만 원까지 비용으로 인정받을 수 있다. 복식부기의무자인 개인사업자의 경우 법인사업자와 마찬가지로 차량유지비 등은 700만 원을 한도로 비용으로 인정받을 수 있다. 그리고 운행기록부를 작성한다면 차량유지비 등은 한도를 초과하여도 비용으로 인정을 받을 수 있다. 다만, 개인사업자의 경우 차량 1대까지는 업무전용자동차 보험에 가입이 되어 있지 않아도 한도 내에서 비용으로 인정받을 수 있고, 두 번째 차량도 업무전용자동차보험에 가입하지 않았다 하더라도 업무사용비

구분	법인사업자	개인사업자 + 복식부기의무자
대상비용	감가상각비, 차량유지비 (주유비, 수리비, 보험료, 자동차세, 통행료 등)	
감가상각비	연간 800만 원 한도	
차량유지비	연 700만 원 한도 (감가상각비 포함 1,500만 원 한도, 차량운행기록부 작성 시 한도 없음)	
업무전용 자동차보험 가입여부 (임직원전용 보험)	해당 임직원만 사용할 수 있는 임직원 전용 보험 가입 필수 미가입 시 해당 차량 비용 100% 불인정	1대 차량 이외의 차량에 대해서는 전 용보험 가입 필수 전용보험 미가입 시, 두 번째 차량 부터 50%만 경비인정

[사업자별 업무용승용차 경비 처리]

율금액의 50%까지 비용으로 인정받을 수 있다는 점에서 법인사업자와는 차이가 있다.[*]

---

* 소득세법시행령 78조의3

TIP. 사적 사용에 주의하자!

    사업자가 차량을 구매하여 사용하는 데 있어서, 부가가치세는 물론이고 경비로 인정받기 위해서는 원칙적으로 업무용으로 사용해야 한다. 업무와 무관하게 사적으로 사용하기 위한 차량은 부가가치세가 공제받을 수 있는 차량을 사더라도 부가가치세 공제 및 환급을 받을 수 없고, 관련하여 사용된 차량유지비도 비용으로 인정받을 수 없다. 업무용으로 사용한다는 것은 출퇴근, 출장 등 사업과 관련하여 사용하는 것을 말한다. 실제로 해외구매대행업을 하고 계신 사업자분께서 부가가치세 공제를 받을 수 있는 경차를 구매하여 부가가치세를 공제받도록 부가가치세 신고를 해드린 적이 있었다. 일반적으로 부가가치세 공제를 받을 수 있는 차량의 경우 별문제 없이 부가가치세 공제를 받을 수 있지만, 이 사업자의 경우 사적 사용으로 의심받아서 관할 세무서로부터 연락받았다. 결국에는 사적 사용이 아니고 업무용으로 사용하는 차량임을 적극적으로 소명하여 부가가치세 환급을 받긴 하였으나 사적 사용으로 인정이 되었다면, 부가가치세 공제를 받지 못할 수 있었다. 너무나 당연한 이야기일 수도 있지만, 개인적으로 사용하는 용도로 차량을 구매한다면 부가가치세 공제도 비용처리도 어렵다는 것을 알아두자.

📑 자주 묻는 Q&A

Q 전기 포터를 사업용으로 구매하려고 합니다. 부가가치세 공제가 가능할까요?

A 전기자동차이면서 화물차인 차량을 구매하는 것이므로 부가가치세가 공제되는지 불공제가 되는지 헷갈릴 수 있다. 부가가치세가 불공제되는 전기자동차는 자동차관리법상 승용자동차를 말한다. 전기 포터는 자동차관리법상 화물차에 해당되므로 개별소비세가 부과되는 대상이 아니다. 따라서, 부가가치세 공제가 가능하다. 참고로, 자동차관리법상 화물자동차란 화물을 운송하기에 적합한 화물적재공간을 갖추고, 화물 적재 공간의 총적재 화물의 무게가 운전자를 제외한 승객이 승차 공간에 모두 탑승했을 때 승객의 무게보다 많은 자동차를 말한다.

Q 사업자등록 전부터 소유하던 차량도 비용처리가 가능한가요?

A 사업자등록 전부터 소유하고 있던 차량에 대해서도 차량 유지와 관련된 보험료, 주유비 등을 비용처리 받을 수 있다. 개인사업자라면 별도의 양도 절차 없이 개인사업장에 최초 구입한 차량 금액으로 자산 등록을 하여 경비 처리를 할 수 있으나 법인사업자라면 대표자 개인이 구입한 차량을 법인에

양도하여서 경비 처리가 가능하다. 다만, 이 경우에는 중고 거래 시 시가로 양도해야 하고, 법인은 차량 취득세를 부담해야 한다.

6
업무용승용차 리스, 렌트, 할부,
어떤 게 유리할까?

업무용 차량을 구매한다고 하면 그 방식에는 리스, 렌트, 할부 등 다양한 방식이 있다. 그러다 보니 많은 사업자께서 "사업자로 차량 구매하려고 합니다. 리스, 렌트, 할부 방식 중 어떤 것이 더 유리할까요?"라고 나에게 물어본다. 어디서 들었는데 어떤 사업자는 렌트가 더 낫다고 하고, 또 어떤 사업자는 리스가 더 세금을 아낄 수 있다고 한다. 정말로 차량구매 방식에 따라 세금의 차이가 있는 걸까? 어떤 방식으로 차량을 구매하는 것이 더 좋을까?

📖 업무용차량 할부/리스/렌트 무엇이 다를까?
차량의 구매방식에 따라 발생하는 비용관점에서 할부, 리스, 렌트는 어떤 게 다를까?

먼저, 3가지 방식 모두 차량구매 시 취/등록세가 발생한다. 할부는 구매 시 취/등록세를 납부하는 반면, 리스나 렌트의 경우에는 리스료와 렌트료에 반영된다. 3가지 방식 모두 약간의 차이는 있지만 보험료와 자동차세가 발생하고 구매자가 부담해야 하지만, 렌트의 경우에는 렌트료에 포함되어 있다는 점이 다르다. 또한, 3가지 방식 모두 이자율은 다를 수 있지만, 이자비용이 발생한다는 점에서는 차이가 없다.

[구매, 리스, 렌트의 비용 관련 차이]

비교	할부	리스	렌트
소유권	본인	리스회사	렌트회사
취등록세	있음. 구매 시 납부	있음. 리스료에 반영	있음. 렌트료에 반영
보험료, 자동차세	있음. 개별 납부	있음. 개별 납부	있음. 렌트료에 포함.
이자 발생	있음	있음.	있음.

🖰 업무용차량 할부/리스/렌트 무엇이 유리할까?

다소 김이 새는 이야기이지만, 구매방식에 따라 절세관점에서 본다면 특별히 유리한 것은 없다. 할부로 구매하든, 리스나 렌트로 차량을 구매하든 간에 감가상각비로 인정받을 수 있는 금액은 연간 800만 원을 한도로 비용으로 인정받을 수 있기 때문이다.

먼저, 할부로 차량을 매입할 때는 차량 취득 금액을 5년간 정액법으로 감가상각비로 비용을 인정해 준다. 예를 들어, 연초에 취득한 차량의 취득가액이 4,000만 원이라면 매년 800만 원씩 감가상각비로 인정받을 수 있다. 차량을 리스하는 경우 매월 발생하는 리스료를 모두 인정해 주는 것이 아니라, 매월 발생하는 리스료에서 보험료, 자동세 및 수선유지비를 차감한 금액을 감가상각비 상당액으로 보고 비용으로 인정해 준다.

연간 리스료가 1,000만 원이고 나머지 보험료, 자동차와 수선유지비가 3백만 원이 발생하였다면, 700만 원은 감가상각비로 인정해 주고, 300만 원은 차량유지비로 인정받을 수 있다. 렌트로 차량을 구매하면 매월 발생하는 렌트료의 70%를 감가상각비 상당액으로 보고 비용으로 인정받을 수 있다.[*] 예컨대, 렌트료가 매년 1,000만 원이 발생한다면, 1,000만 원의 70%인 700만 원은 감가상각비로 인정해 주고, 나머지 300만 원은 차량유지비로 인정받을 수 있는 것이다.

차량을 이용하면서 발생하는 주유비, 수리비, 보험료 등 차량유지비도 할부, 렌트, 리스 방식 모두 운행기록부를 미작성하는 경우 감가상각비 상당액을 포함하여 1,500만 원까지 인정되므로 3가지 방식 모두 차이가 없다. 참고로 할부, 렌트, 리스에 따른 비용처리 한

---

[*] 법인세법 시행규칙 제27조의2 제5항.

도를 적용하는 것은 앞서 살펴본 바와 같이 법인사업자와 개인사업자이면서 복식부기의무자인 경우에만 해당이 된다. 복식부기의무자가 아닌 개인사업자의 경우에는 한도와 관련하여 별도의 제한이 없다. 대부분의 개인사업자이면서 해외구매대행업을 하는 사업자는 복식부기의무자에 해당이 되지 않는다. 따라서, 할부, 렌트, 리스 방식 중 어떤 방식을 선택해도 비용처리에 제한이 없다.

[구매방식에 따른 비용처리 방법과 한도]

구분		구매 (일시불, 할부)	렌트	리스
비용 처리	비용항목	감가상각비	렌트료	리스료
	감가상각비 상당액의 산정방법	취득가액을 5년간 정액법 감가상각	렌트료의 70%를 감가상각비 상당액으로 인정	리스료-보험료-자동차세-수선유지비를 비용처리를 감가상각비 상당액으로 인정 *수선유지비를 별도로 구분하기 어려운 경우 7%를 수선유지비로 할 수 있음.
	감가상각비 한도	800만 원 / 1년 한도 초과 시 매년 800만 원을 한도로 이월하여 비용처리.		
	차량유지비 등 한도	감가상각비 상당액 등을 포함하여 최대 1,500만 원 / 1년 단, 운행기록부 작성 시 한도 없음.		

TIP. 알아두면 좋아요 : 업무사용비율

업무용승용차와 관련하여 차량유지비 등은 운행기록부를 작성하지 않는 경우, 업무사용비율에 상관없이 1,500만 원까지(감가상각비 800만 원 포함) 비용처리가 가능하다. 하지만, 차량유지비의 한도를 초과하여 비용처리를 하기 위해서는 반드시 총 주행거리가 확인되는 운행기록부를 작성해야 한다. 1,500만 원을 초과하는 차량유지비는 업무사용비율을 곱하여 비용으로 인정받을 수 있다. 예를 들어, 운행기록부상 100% 업무에 사용된 것으로 확인이 되는 경우 100% 비용처리가 가능하지만, 50%는 사적으로 사용하고 50%만 업무에 사용하여 업무사용비율이 50%라면 초과하는 금액의 50%만 추가로 비용으로 인정받을 수 있다.

만약 매월 감가상각비 한도가 800만 원을 넘으면 어떻게 될까? 한도를 초과한 금액에 대해서는 매년 800만 원을 한도로 다음에 비용으로 인정받을 수 있다.

예를 들어, 사업자 A가 5천만 원짜리 차량을 구매하였다고 가정해보자. 5,000만 원을 매년 정액법으로 감가상각하면, 매년 1,000만 원만큼 비용으로 인식된다. 그러나, 감가상각비 상당액 한도는 800

만 원이 매년 최대치이므로 200만 원만큼은 비용으로 인정받을 수
없다. 그러나, 이후에 비용으로 인정할 수 있게 되는데, 이를 표로 나
타내면 다음과 같다.

[기간별 감가상각비 한도초과액]

항목	1년차	2년차	3년차	4년차	5년차	6년차	7년차	8년차
감가상각비	1,000	1,000	1,000	1,000	1,000	800	200	0
한도	800	800	800	800	800	800	800	800
한도초과 비용	(200)	(200)	(200)	(200)	(200)	0	0	0
한도초과 누적액	0	(400)	(600)	(800)	(1,000)	(200)	0	0

앞서 살펴본 사례에서 리스료나 렌트료가 매년 감가상각비 한도
인 800만 원을 초과할 때도 마찬가지로 리스나 렌트 기간이 종료된
이후에 한도 초과 누적액은 매년 800만 원 한도로 비용 인정을 받을
수 있다.

TIP. 사업자로 차량구매 시 절세의 효과

사업자로 차량을 구매하는 경우 절세의 효과는 어떻게 되는 걸까? 만약 매년 감가상각비 상당액과 차량유지비의 최대 한도인 1,500만 원을 인정받는다고 가정해보자. 개인사업자이면서 종합소득세 세율구간이 24%인 사업자라면 연간 360만 원만큼의 절세효과를 누릴 수 있고 35%인 사업자의 경우 525만 원의 세금 절세효과를 누릴 수 있다. 이처럼 개인사업자별 종합소득세 세율구간에 따라 절세효과는 달라질 수는 있지만, 최대한 한도에 가까울수록 세율효과는 커지게 된다.

자주 묻는 Q&A

Q 차량 매입이 아닌 렌트를 했을 경우, 부가가치세 환급은 가능할까요?

A 리스회사의 경우 면세사업자로 분류되어 세금계산서 발행이 안 되지만, 렌트회사의 경우 과세사업자로 월 대여료에 대해서 세금계산서 발급이 가능하다. 이 경우 부가가치세 환급은 가능할까? 정답은 부가가치세 환급이 가능한 차량에 해당되는 자동차를 렌트할 경우 부가가치세 환급이 가능하다. 따라서, 렌트하는 차량이 9인승 이상 승용차나 1,000cc 이하의 경차, 화

물차 등에 해당한다면 매월 렌트료에서 부가가치세 환급을 받을 수 있다.

Q 차량 매매 시 세금계산서는 꼭 주고받아야 하나요? 불이익이 있나요?

A 차량 취득 시 세금계산서를 받아야 관련 비용을 인정받고 감가상각비를 반영할 수 있으며, 만약 세금계산서를 받지 않고 경비를 반영해 세금신고를 하면, 나중에 세무조사 등을 통해 세금 및 가산세를 추징당할 수 있다. 사업자의 차량 구입 시기가 사업자등록 전이라면 사업주의 주민등록번호로 세금계산서를 발급받을 수 있다.

7

간편장부 대상자,
언제 복식부기 장부를 해야 할까?

사업을 하다 보면 '회계기장', '세무기장' 등과 같이 '기장'이라는 말을 듣는다. 정확하게 어떤 의미인지 잘 모르지만, 이미 기장을 회계사무실에 맡기고 있는 사업자도 있을 텐데, '기장'이란 정확하게 어떤 의미일까?

'기장(記帳)'이란 장부에 기록하는 것을 의미한다. 내 사업장에서 벌어들인 수입과 지출한 비용과 같이 재무적인 일이 발생하면 이를 장부에 기록하고 정리하는 것이다. 세금의 신고도 사업자마다 임의로 만들어진 양식으로 신고하는 것이 아니라 이렇게 일목요연하게 정리된 장부를 바탕으로 신고하게 된다. 기장을 하는 방식은 차변과 대변을 정확하게 구분하여 기록하는 복식부기장부 방식과, 그것보다 간단하게 가계부를 작성하듯 회계적인 지식이 없는 사람도 작성이 가능한 간편장부 방식이 있다. 법인사업자는 복식부기 의무자이므로 간편장부를 작성할 수 없으며 개인사업자의 경우 업종별 직전년도 수입금액 요건에 따라 복식부기 의무자와 간편장부 대상자로 구분된다. 수입금액이 많이 발생하지 않는 개인사업자에게는 보다 장부 작성에 대한 부담을 낮춰주지만, 수입금액이 많이 발생하는 개인사업자와 법인사업자에게는 장부 작성 부담이 더 크지만 보다 정확한 복식부기 장부를 작성하도록 하는 것이다.

간편장부대상자란?

간편장부 대상자는 개인사업자로 올해 신규로 사업을 개시한 사업자와 직전년도 수입금액이 업종별 기준에 미달하는 사업자다. 업종은 총 3가지 카테고리로 구분이 되어 있는데, 해외구매대행업의 경우 업종이 도소매업으로 구분되기 때문에 직전년도 수입금액이 3억 원 미만이면 간편장부 대상자에 해당이 된다.

[복식부기 의무사와 간편장부 대상자 수입금액 기준]

업종별	복식부기 의무자	간편장부 대상자
가.농업 · 임업 및 어업, 광업, 도매 및 소매업(상품중개업을 제외한다), 부동산매매업, 아래에 해당하지 아니하는 사업	3억 원 이상자	3억 원 미만자
나.제조업, 숙박 및 음식점업, 전기 · 가스 · 증기 및 공기조절 공급업, 수도 · 하수 · 폐기물처리 · 원료재생업, 건설업(비주거용 건물 건설업은 제외), 부동산 개발 및 공급업(주거용 건물 개발 및 공급업에 한정), 운수업 및 창고업, 정보통신업, 금융 및 보험업, 상품중개업, 욕탕업	1억5천만 원 이상자	1억5천만 원 미만자
다.부동산 임대업, 부동산업(부동산매매업 제외), 전문 · 과학 및 기술 서비스업, 사업시설관리 · 사업지원 및 임대서비스업, 교육 서비스업, 보건업 및 사회복지 서비스업, 예술 · 스포츠 및 여가관련 서비스업, 협회 및 단체, 수리 및 기타 개인 서비스업, 가구내 고용활동	7천5백만 원 이상자	7천5백만 원 미만자

여기서 말하는 직전년도란 종합소득세가 신고되는 사업소득이 귀속되는 해의 전년도를 말한다. 예를 들어, 2023년 5월에 신고한 종합소득세는 2022년에 벌어들인 소득에 대한 것이고 2022년도의 전년도인 2021년도가 직전년도가 된다. 따라서, 2023년 5월에 신고하는 사업소득에 대해서 복식부기 의무자인지 판단은 2021년도 수입금액을 기준으로 하는 것이다. 수입금액은 내가 벌어들인 매출 금액뿐만 아니라 영업과 직접적으로 관련은 없지만 국가로부터 받은 국고보조금, 본사 등으로부터 받은 판매장려금 등을 포함한 금액을 말한다.[*] 수입금액에는 개인사업자가 부가가치세가 과세되는 재화나 용역을 공급하고

---

[*] 수입금액에는 개인사업자가 부가가치세가 과세되는 재화나 용역을 공급하고 신용카드매출전표나 현금영수증을 발행하는 경우 일정 금액을 부가세납부세액에서 공제해주는 '신용카드 매출전표 등 발행세액공제'와 같이 부가가치세법상 세액공제도 포함된다.

신용카드매출전표나 현금영수증을 발행하는 경우 일정 금액을 부가세 납부세액에서 공제해주는 '신용카드 매출전표 등 발행세액공제'와 같이 부가가치세법상 세액공제도 포함된다.

해외구매대행 사업자의 경우 신고되는 매출액은 총판매금액에서 해외매입금액과 배송대행지 수수료 등을 차감하여 순매출로 계산이 되므로 직전년도 수입금액이 3억 원을 넘기기 어렵다. 따라서, 해외구매대행업을 하는 개인사업자라면 대부분 간편장부 대상자에 해당된다.

📑 복식부기의무자란?

복식부기의무자는 개인사업자로 직전년도 수입금액이 업종별 기준 이상인 사업자와 법인사업자를 말한다. 해외구매대행업을 하는 개인사업자는 앞서 살펴본 것과 같이 3억 원 이상이면 복식부기의무대상자가 된다. 사업자가 복식부기의무자라면 스스로 기장을 할 수 있는 능력이 대부분 없으므로 회계사 또는 세무사와 같은 세무전문가에게 기장을 맡겨서 신고하여야 한다.

해외구매대행업을 하는 사업자의 경우 상품등록 개수 제한 문제로 인하여 해외구매대행업으로 여러 개의 사업자를 내는 경우가 많다. 동일한 업종을 여러 개 운영할 때는 모두 합산하여 직전년도 수입금액 기준과 비교를 하여 복식부기 의무자인지를 판단한다. 만약, 업종별 기준이 다른 구분 업종을 여러 가지 운영할 때는 어떻게 될까? 이 경우에는 매출이 높은 업종을 기준으로 판단하되 기준이 다른 업종의 매출을 환산하여 판단한다. 이 경우에 복식부기 의무자로 판단이 되면 개별 사업장은 직전년도 수입금액을 기준으로 볼 때 복식부기 의무자가 아니라고 하더라도 전체 사업장을 복식부기로 작성해야 한다. 복식부기의무자가 복식부기에 의하지 않고 세금을 신고하는 경우 무신고로 간주되어 무신고 가산세를 적용받을 수 있으니 주의가 필요하다.

🖱 해외구매대행업 언제부터 복식부기 장부를 해야 할까?

사업을 하는 사업자라면 무조건 회계사무실에 기장을 맡겨야 할까? 특히, 신규사업자이거나 매출 규모가 미미한 사업자에게 매월 발생하는 기장 수수료조차도 부담스러울 수가 있다. 실제로 강의를 가보면 '어떤 경우에 기장을 맡겨야 하는지', '기장을 꼭 맡겨야 하는지'를 물어보시는 사업자도 종종 있다. 앞에서 본 것처럼 기장은 간편장부와 복식부기 장부가 있는데, 복식부기 의무자라면 기장을 맡겨야 하겠지만 간편장부 대상자라면 반드시 기장을 맡겨야 하는 것은 아니다. 하지만, 실무적으로 아래의 상황에 해당이 되는 해외구매대행 사업자라면 장부 작성 의무와 상관없이 회계사무소에 기장을 맡기는 것을 고려해 보는 것이 좋다.

1) 해외구매대행업 순매출이 월 500만 원 이상인 경우
2) 인건비 지출이 있어 신고가 필요한 경우

첫 번째 케이스는 해외구매대행업 순매출이 월 500만 원 이상인 경우다. 해외구매대행업은 업종의 특성상 총판매금액에서 해외구입비용 및 배송대행지비용 등을 차감하여 순 매출로 신고하기 때문에 사실상 인건비를 제외하면 순매출에 대응하는 비용이 많지 않다. 해외구매대행업 같은 경우 실무적으로 매월 순 매출 500만 원 이상이 꾸준하게 나온다면 세금 부담이 많이 증가한다. 따라서 순 매출이 500만 원 이상인 경우라면 세무사나 회계사에 장부 기장을 맡겨서 복식부기장부로 신고하는 것이 간편장부로 신고하는 것보다 최대 100만 원 세액공제를 받을 수 있으므로 맡기는 것이 유리하다. 그리고 장부 작성을 통한 경비율 등을 관리받을 수 있으므로 세금에 대한 절세를 미리 대비할 수도 있다.

두 번째는 인건비 지출이 있어 신고가 필요한 경우다. 지출한 인건비는 인건비 신고를 해야 비용으로 인정받을 수 있다. 이를 위해서는 4대보험에 가입되는 직원이라면 4대보험 공단에 먼저 취득 신고를 해야 하며 인건비 지급일의 다음 달 10일까지 원천징수이행상황신고서를 통해서 원천세 신고 및 간이지급명세서를 제출 등 의무가 따른다. 직원의 4대보험 취득 신고 및 원천세 신고, 간이지급명세서제출까지 등에 대해서 물론 혼자서 가능하긴 하나 일반적으로 사업자가 직접 하기에는 시간도 들고 복잡하고 힘들다. 또한, 혹시라도 잘못된 신고로 인해 수정신고 및 가산세까지 발생할 수 있다. 회계사무소마다 다를 수는 있지만, 기장수수료를 내면 이러한 인건비 신고를 대행해주는 회계사무소도 있으므로 인건비 신고가 있는 경우에도 기장을 맡기는 것이 좋다. 최근에는 앞서 말한 이유 이외에도 많은 사업자가 세무적인 리스크의 예방에도 목적을 두고 회계사를 찾고 있다. 실제로 나에게 장부 기장을 맡기는 사업자분들은 사업과 관련된 세금 상담 외 양도, 증여, 상속 등 일상생활에서 발생할 수 있는 세무적인 일들을 물어보기도 하고 찾아와서 상담받기도 한다. 기장수수료를 내고 사업에 대한 절세뿐만 아니라 일상생활에서도 세금에 대한 부분도 도움을 받는 것이다.

TIP. 기장세액공제란?

기장세액공제란 복식부기 장부 작성 의무가 없는 간편장부대상자가 복식부기 장부를 작성하여 세금을 신고하는 경우 성실하게 신고한 것으로 보고 종합소득세 산출세액의 20%를 공제해 주는 제도를 말한다. 최대 100만 원을 한도로 공제를 받을 수 있는데, 산출세액이 500만 원이 나온 사업자가 기장세액공제를 적용받으면 100만 원만큼 절세 혜택을 볼 수 있는 것이다. 만약 산출세액이 500만 원 나오는 사업자가 기장수수료를 매월 10만 원 내고 있었더라면, 1년간 지급한 기장 수수료 120만 원에 대해서 비용처리도 하고, 10개월 치 기장 수수료를 돌려받는 효과를 누리게 되어 무료로 기장을 맡기는 효과를 누릴 수 있다. 1년간 절세에 대한 관리도 받는데 무료로 받는 것과 같은 효과라고 하니 하지 않을 이유가 있을까?

8

경정청구,
납부한 세금을 돌려받았다

'세법'은 매년 조세 정책적인 목적에 따라 많이 개정된다. 그러므로, 세무전문가들도 개정되는 세법 항목을 공부해야 하고, 최신화하려는 노력이 필요하다. 매년 개정되는 세법으로 인하여 받을 수 있는 세액 공제나 세액 감면을 적용받지 못한 사업자가 많아서인지는 모르겠으나 최근 들어 '세금을 돌려드립니다'나 '세금환급 무료조회'와 같은 문구로 과거에 감면 적용받지 못한 세금을 돌려준다는 것을 홍보하는 컨설팅 회사가 많아진 것 같다. 과거에 더 납부한 세금을 바로잡고 돌려받는 '경정청구'로 영업을 하는 것이다. 당연하게도 경정청구를 통해서 다시 돌려받아야 하는 세금이 있다면 돌려받아야 한다. 그렇다면, 어떤 경우에 경정청구가 가능할까? 해외구매대행업 부가가치세와 종합소득세 사례를 구체적으로 살펴보자.

🖱 해외구매대행업 부가가치세 경정청구 사례

일반적으로 사업자가 부가가치세를 환급받는 경우는 자주 발생하지는 않는다. 왜냐하면 종합소득세나 법인세처럼 세금 계산이 복잡하지 않고 10% 단일세율로서 계산되기 때문이다. 그러다 보니 영세한 사업자 중 부가가치세는 세무전문가에게 맡기지 않고 셀프로 신고하는 사업자도 있다.

하지만, 특히나 해외구매대행업 사업자는 부가가치세를 잘못 신고하는 일이 종종 발생하므로 주의가 필요하다. 얼마 전에도 해외구매대행업을 하시는 사업자의 부가가치세 경정청구를 해드린 적이 있다. 사업자께서 "회계사님 제가 셀프로 부가가치세를 신고했는데 실제로 벌어들인 소득 대비해서 부가가치세가 좀 많이 나오신 것 같습니다"라고 말씀을 주서서 상반기 신고된 부가가치세 신고서를 검토해보았다. 부가가치세 신고서를 확인해보니 해외구매대행업 매출가액은 1억 원으로 신고하였고 부가가치세를 600만 원 정도 납부하신 상태였다. 그리고 매출로 신고된 1억 원을 확인해보니, 해외구매대행업에서 벌어들인 순매출이 아닌 총판매금액으로 잘못 신고되어 있었다. 그래서 이 사업자로부터 정확한 소명자료를 요청하여 받은 다음 해외구매대행업 순매출액을 산출해보니 약 2,500만 원밖에 되지 않았다. 실제 매출로 신고해야 하는 금액보다 약 4배

정도나 과대 신고가 되어 있던 것이었다. 이에 경정청구를 신청해 드렸고, 부가가치세를 500만 원 정도 돌려받을 수 있었다.

이 사업자의 경우 부가가치세를 돌려받게 된 것도 중요하지만, 제대로 매출을 신고하여서 만약 하반기에도 상반기와 비슷한 매출이 발생한다면 내년부터는 직전년도 공급대가 8,000만 원 미만에 해당하여 간이과세자로 전환될 수 있게 되었다. 이 사업자처럼 해외구매대행업의 경우 이렇게 종종 순매출을 총판매금액으로 잘못된 신고를 하게 되면서 다시 경정청구를 통해서 부가가치세를 환급받는 사례가 있다. 이때 주의할 점은 무조건 잘못된 신고라 판단하여 부가가치세 경정청구를 진행한다면 관할 세무서에서는 이를 받아들여지지 않는다는 것이다. 경정청구는 세금의 환급이 발생하기 때문에 관할 세무서로부터 상세한 확인을 받게 된다. 따라서, 이에 대한 입증을 명확하게 할 수가 있어야 환급을 받을 수 있다. 그러므로 경정청구를 진행하고자 한다면, 세무전문가인 회계사에게 소명 자료를 검토받고 명확하게 소명이 가능한 경우에만 경정청구를 진행하여야 한다.

해외구매대행업 종합소득세 경정청구 사례

종합소득세와 법인세의 경우 경정청구 업무는 의뢰가 자주 들어오는 업무 중 하나이다. 사실 정기 세금신고 기간에 공제나 감면을 정확하게 적용하는 것이 가장 좋겠지만 셀프로 세금신고를 하거나 회계사무실을 통해서 세금을 신고하더라도 각종 감면 공제를 놓쳐서 제대로 세액 감면 공제 적용을 받지 못한 경우가 있을 수 있다. 이렇게 공제 감면제도를 적용받지 못하게 된다면 정상적으로 납부해야 하는 세금보다 과다하게 납부하게 된다. 그리고 과다하게 납부된 세금은 법정 신고 기간이 지난 뒤 최대 5년 이내의 세금에 대해서 경정청구를 통해서 환급받을 수 있다. 종합소득세나 법인세의 경우 가장 많이 발생하는 경정청구의 항목은 창업감면 적용 누락과 고용증대세액공제 적용 누락이다. 최근 한 해외구매대행업 사업자의 종합소득세 경정청구를 해드린 적이 있다. 이 사업자분께서는 창업 당시에는 청년이었으나 과거 종합소득세 신고 시 '창업중소기업세액감면(이하, 창업감면)'를 적용하지 않고 종합소득세를 신고 납부하였다. 이를 확인하고 경정청구를 통하여 창업감면을 반영해서 납부된 세금을 다시 전액 환급받게 해드렸다.

세무 당국에서는 납세자가 세금을 작게 납부하는 경우 이를 발견하고 추징하기도 하지만, 본인이 잘못 계산하여 더 많은 세금을 납부하면 적극적으로 먼저 찾아서 돌려주지는 않는다. 이를 모르고 5년이 지나버리면 경정청구를 통해서도 돌려받을 수 있었던 세금을 환급받을 수가 없게 되는 것이다. 따라서, 셀프로 세금을 신고 해왔던 경우라면 한 번쯤은 본인이 신고 납부한 세금에 대해서 점검을 받아보는 것도 필요하다.

자주 묻는 Q&A

Q 경정청구는 언제든지 가능한가요?

A 신청은 언제든지 가능하다. 신청가능한 범위는 국세기본법 제45조의 2에 따라서 과세표준신고서를 법정신고기한까지 제출한 자라면 법정신고기한이 지난 후 5년 이내의 세금에 대해서 신청이 가능하다.

Q 경정청구를 하면 환급금은 언제 들어오나요?

A 주소지 관할 세무서는 소득세 사무처리규정 제74조에 따라 경정청구 접수일로부터 2개월 이내 환급금을 지급하도록 하고 있다.

Q 경정청구를 하면 세무조사를 받을 수 있나요?

A 그렇지 않다. 일부 사업자들이 가장 크게 오해하고 있는 부분이다. 경정청구를 해서 환급을 받았다는 이유로 세무조사를 할 수는 없으며, 법에서 규정하고 있는 사유에 해당하거나 명백한 조세포탈, 탈루 혐의가 있는 경우에 세무조사는 가능하므로, 경정청구를 통해 세금을 돌려받는다고 해서 세무조사에 대해 걱정은 하지 않아도 된다.

9

개인사업자의 법인전환,
최적의 타이밍과 방법, 전략은?

　　회사의 규모가 점점 커지면서 처음 사업의 시작은 개인사업자로 출발했지만, 대출이나 투자와 같은 외부자금을 조달이 필요하다든지, 다른 사업자와의 거래가 많아진다든지, 세금 부담이 생기기 시작한다든지 등의 이유로 개인사업자에서 법인사업자로 전환을 고민하는 시점이 온다. 개인사업자로 시작해서 법인사업자로 전환하는 방법에는 여러 가지가 있는데, 가장 중요한 것은 사업자의 상황에 알맞은 방법으로 법인전환을 하고, 더 나아가서 절세 전략까지 수립 및 달성하도록 하는 것이다. 구체적으로 언제 법인으로 전환을 고려하게 되는지, 법인전환의 방법은 무엇이 있는지, 법인전환과 절세 전략은 어떻게 되는지 살펴보자.

📖 법인전환의 시기

법인전환이란 개인사업자의 사업과 관련된 모든 권리, 의무의 주체를 개인에서 법인으로 이전하여 사업의 주체가 되도록 조직 형태를 변경하는 것을 말한다. 쉽게 설명해서 개인사업자에서 법인사업자로 사업의 주체가 전환되는 것을 의미한다. 그렇다면, 개인사업자가 언제 법인사업자로 전환을 고려해야 할까? 개인사업자에서 법인사업자로 전환하는 것은 회사의 경영과 관련된 매우 중요한 의사결정으로 기업의 규모, 조직, 사업의 성격 등을 종합적으로 검토해야 하고, 법인전환 시 비용과 법인전환의 장, 단점을 면밀하게 비교 분석하여 의사결정을 해야 한다. 무조건 법인사업자로 전환해야 한다는 규정이나 규칙은 없지만 일반적으로 다음의 경우에 법인전환을 고려하거나 법인으로 전환한다.

첫 번째, 종합소득세 부담이 큰 경우다. 종합소득세율은 현재 최대 45%지만, 법인세율은 현재 최대 24%다. 단순하게 비교해봐도 세율 차이가 크기 때문에 세금이 많이 나오기 시작하면 법인으로 전환을 고민해 볼 수 있다.

두 번째는 매출이 계속해서 성장하여 성실신고확인대상 사업자가 될 것으로 예상이 된다면 법인전환을 고려해 볼 수 있다. 성실신고확인제도란 수입금액이 업종별로 일정 규모 이상인 개인사업자가 종합소득세를 신고할 때 장부 기장 내용의 정확성 여부를 회계사, 세무사 등에게 확인받은 후 신고하게 함으로써 개인사업자의 성실한 신고를 유도하기 위해 도입한 제도를 말한다. 성실신고확인대상 사업자가 되면 성실신고확인서를 작성해서 제출해야 하고 성실신고확인의무를 위반하는 경우 세무조사 대상까지 될 수 있다. 따라서, 일반적인 개인사업자보다 세무상 관리가 까다로운 성실신고확인대상 사업자가 될 것으로 예상된다면 법인으로 전환을 고려해 볼 수 있다.[*]

세 번째는 자금조달이 필요하다면 법인으로 전환을 고려해 볼 수 있다. 은행에서 대출받거나 신용보증기금이나 기술보증기금으로부터 보증받을 때도 개인사업자보다 법인사업자가 더 유리하다. 투자를 유치하려고 한다면 더욱더 개인사업자보다 법인사업자가 더 유리하다. 그 밖에, 입찰하기 위한 목적이나 개인 간 거래보다 기업 간 거래가 활발해진 경우에도 개인사업자에서 법인사업자로 전환을 고려해 볼 수 있다.

[성실신고확인 대상자 업종별 수입금액 기준]

업종	해당년도 수입금액
농업 · 임업 및 어업, 광업, 도매 및 소매업(상품중개업을 제외한다), 부동산매매업, 그 밖에 제2호 및 제3호에 해당하지 아니하는 사업	15억 원 이상
제조업, 숙박 및 음식점업, 전기 · 가스 · 증기 및 공기조절 공급업, 수도 · 하수 · 폐기물처리 · 원료재생업, 건설업(비주거용 건물 건설업은 제외), 부동산 개발 및 공급업(주거용 건물 개발 및 공급업에 한힘), 운수입 및 창고입, 정보통신입, 금융 및 보험업, 상품 중개업	7.5억 원 이상
부동산 임대업, 부동산업(부동산매매업은 제외한다), 전문 · 과학 및 기술 서비스업, 사업시설관리 · 사업지원 및 임대서비스업, 교육 서비스업, 보건업 및 사회복지 서비스업, 예술 · 스포츠 및 여가관련 서비스업, 협회 및 단체, 수리 및 기타 개인 서비스업, 가구내 고용활동 *[별표3의3] 사업서비스업1)	5억 원 이상

[*] 참고로, 성실신고확인대상 사업자가 된 이후에 법인으로 전환하는 경우 법인전환 후 3년간 성실신고확인서를 제출해야 한다.

📖 법인전환의 방법

그렇다면, 법인전환의 방법에는 어떤 것들이 있을까?

가장 단순한 법인전환은 기존에 운영하고 있던 개인사업자를 폐업하고 법인사업자를 신설하는 것이다. 가장 간단하고 법인전환에 따른 비용도 크게 들지 않아서 개인사업자의 자산이 많지 않다면 이 방법을 사용한다. 이 방법은 사실상 법인사업자를 새롭게 시작하는 것이므로 개인사업자의 권리 의무가 승계되는 것은 아니며, 형태만 개인사업자에서 법인사업자로 전환된 것이라 할 수 있다.

두 번째 방법은 사업포괄양수도에 의한 법인전환이다. 포괄양수도란 사업장에 관한 모든 권리와 의무를 주고받는 것이다. 양도되는 권리에는 단순한 유형자산뿐 아니라, 영업상의 비밀, 경영조직 등과 같은 사실관계 등도 포함된다.

세 번째 방법은 현물출자에 의한 법인전환 방법이다. 사업용 자산을 평가 후 출자한 자본금으로 법인을 설립하는 방법을 말한다.

네 번째 방법은 중소기업 통합에 의한 법인전환 방법이다. 중소기업인 개인기업 간 또는 개인기업과 법인기업 간 통합을 통하여 법인으로 전환하는 방법을 말한다.

단순히 개인사업자를 폐업하고 법인사업자를 설립할 때는 크게 문제가 없지만, 개인사업자의 일체의 권리, 의무가 법인으로 이전되는 방식으로 법인전환을 하게 되면 각종 비용이 발생한다. 예를 들어, 법인전환 시 개인사업자가 가지고 있던 토지와 건물이 있다면,

개인에서 법인으로 이전함에 따른 양도소득세가 발생한다. 내가 설립한 법인이지만 법인은 별도의 실체이기 때문이다. 그러나, 자본금 등의 일정 요건을 충족한 법인전환이라면 조세특례제한법상 양도소득세 이월과세를 적용받을 수 있다. 양도소득세 이월과세가 적용되면, 법인전환 시 양도소득세가 발생하지 않고, 이후 법인에서 해당 자산을 양도할 때 양도소득세를 납부하게 된다.

어떤 법인전환의 방법을 사용하여 법인으로 전환해야 하는지는 개인사업자의 상황에 따라 다를 수 있다. 예를 들어, 제조업을 운영하면서 토지나 공장 건물 등 사업용 자산이 많고 현금 유동성이 부족한 개인사업자라면 현물출자에 의한 법인전환을 고려해 볼 수 있다. 반면에 IT회사를 운영하고 있거나, 온라인쇼핑몰을 운영하는 사업자, 유튜버 등이라면 고정자산이 없으므로 포괄양수도에 의한 방법으로 법인 전환하는 것이 더 나을 수 있다. 어떤 방식으로 법인으로 전환할지는 방법별로 소요 시간, 효과, 비용, 금액 등에서 차이가 있으므로 가장 정확한 것은 전문가와 상담을 통해 진행하는 것이 좋다.

법인전환과 영업권 평가를 통한 절세 전략

영업권이란 눈으로 식별되진 않으나, 기업이 입지 조건이나 브랜드 충성도, 기술, 조직의 우수성 등에 의해 동종업계의 다른 기업들에 비하여 초과수익력을 갖는 배타적 권리를 말한다.[*] 포괄사업 양수도나 현물출자로 인하여 법인전환을 하는 경우 개인사업자의 영업권을 평가하여 법인에 유상 양도할 수 있는데, 이를 통해 절세 전략을 세울 수 있다. 영업권을 평가하여 양수도 하는 경우 개인에게는 영업권 판매에 따른 기타소득으로 인식되고, 법인은 영업권을 매수한 금액을 무형자산으로 계상된다. 영업권 양도에 따른 기타소득은 필요경비를 60%로 인정해 주는 소득으로, 영업권 판매의 수익과 관련하여 별도의 지출 증빙이 없어도 영업권 판매금액의 60%를 비용으로 인정해 준다. 예를 들어, 영업권을 평가해보니 5억 원의 영업권이 발생하였고 이를 법인에 양도하게 되면 5억 원의 60%인 3억 원은 비용처리 되고, 5억 원에서 3억 원을 차감한 2억 원에 대해서만 종합소득세율을 곱하여 세금을 납부하게 된다. 다른 소득이 없다면 단순하게 계산해서 소득세와 지방소득세 금액을 합한 약 6천만 원의 세금이 나온다. 영업권 양도로 인하여 법인으로부터 5억 원을 수령하므로 실제 부담하는 세금은 약 12% 정도만 부담하게 되는 것이다. 만약 연봉 5억 원으로 해당 금액을 수령 하면 어떻게 될까? 이 경우에는 약 1.8억 원의 세금을 납부해야 한다. 영업권 평가를 통한 세금만 비교해도 약 1.2억 원의 세금 차이가 있는 것이다. 법인이 취득한 영업권은 무형자산으로 5년간 상각하여 비용으로 인정된다. 따라서, 이를 통해 법인세도 줄일 수 있게 된다.

---

* 두산백과, https://terms.naver.com/entry.naver?docId=1127338&cid=40942&categoryId=31909

영업권의 평가 방법은 시가 평가를 원칙으로 시가가 없는 경우 감정평가에 의한 방법을 따르고 그렇지 못한 경우에는 상증세법상 보충적 평가방법에 따라 평가하도록 하고 있다. 일반적으로 개인기업의 영업권은 시가라는 것이 없으므로, 감정평가 법인을 통해 감정평가를 받거나 상증세법상 보충적 평가 방법에 따라 영업권을 평가할 수 있다. 영업권을 평가하는 경우 내가 원하는 대로 무조건 영업권이 많거나 작게 산정되는 게 아니라 해당 기업이 달성할 것으로 예상되는 초과수익을 현재가치로 할인하거나 과거 매출 규모 등을 토대로 영업권이 산정된다. 영업권을 평가하는 데에는 시가 평가에 따른 영업권 평가 비용이 발생하므로 영업권 평가를 통한 절세효과와 지출되는 비용 등의 실익을 따져서 사전에 세무전문가와 함께 종합적으로 검토 후 진행하는 것이 좋다.

5장

해외구매대행 세무전문가,
어떤 기준으로 만나야 하는가?

일 터지기 전에 만나라.
일 터진 후에라도 만나라

어떤 사업이건 사업을 하다 보면 정말 생각지도 못한 곳에서 문제가 발생하곤 한다. 해외구매대행업도 마찬가지다. 여러 가지 생각지 못한 문제들이 많지만, 그중에서 가장 스트레스가 많고 문제가 생겼을 때 해결이 만만치 않은 일 중 하나는 세금 문제다. 과연 내 곁에는 사업을 하면서 세금 문제가 발생하였을 때 이를 해결해 줄 수 있는 세무전문가가 옆에 있는가?

📖 회계사님! 세무서로부터 연락받았습니다

회계사무소에서의 업무는 대부분 세금신고 기간과 맞물려서 바쁘게 돌아간다. 1월에는 부가가치세 신고, 2월에는 면세 사업장현

황신고, 3월에는 법인세, 5월에는 종합소득세, 6월에는 성실신고확인대상 사업자의 종합소득세 신고 7월에는 부가가치세 신고를 하면서 상반기에 특히나 바쁜 편이다. 하반기도 법인사업자의 부가가치세 예정신고 등 일정이 있지만 비교하자면 상반기가 하반기보다는 더욱 바쁘다. 나의 경우 이 일정에 더하여 회계사로서 회계감사 업무까지 1~3월에 수행하다 보니 상반기는 더욱더 정신없이 지나간다. 하반기가 되면 다소 여유로울 줄 알았지만, 하루도 빠짐없이 바쁜 이유 중의 하나는 회계장부를 나에게 맡기고 있는 여러 사업자로부터 연락받을 일이 많기 때문이다. 연락 중에서 상담이나 세법을 찾아보는 등의 노력으로 해결이 가능한 부분도 있지만, 사업자를 대신하여 세무서에 직접 대응하거나 소명이 필요한 일도 있다.

사업을 하시는 사장님들은 열심히 사업만 하면 될 줄 알았건만 사업을 하다 보면 생각지도 못하게 세무서로부터 연락받는 경우가 생긴다. 특히나 매출이 커지면 커질수록 그러한 경우가 생각보다 자주 발생하는데, 탈세와 같은 잘못을 저지르지 않았다고 하더라도 세무서로부터 연락받게 되면 사장님들께서는 일단 긴장되고 스트레스를 받게 된다. 마치 아무런 잘못한 것도 없는데 경찰차가 가까이 있으면 긴장되는 것처럼 말이다.

세금 문제로 세무서로부터 연락받으면 당황할 필요 없이 가장 간단한 해결 방법은 세무전문가 또는 담당 회계사무소 직원에게 연락하는 것이다. 내용을 전달받고 나면 세무서에 직접 연락해서 간단하게 해결할 수 있는 문제는 간단하게 해결하고, 소명이나 자료를 제출해야 하는 문제는 자료를 제출해서 해결할 수 있다. 이처럼 세금 문제가 발생하였을 때 바로 연락할 수 있는 세무전문가가 옆에 있는 것은 사업을 함에 있어서 매우 중요하다.

🖑 이런 부분은 세금 문제가 없을까요?

세금 문제가 생겼을 때 해결해주는 세무전문가를 고르는 것도 중요하지만, 함께 하는 세무전문가가 세무상 문제가 발생하기 이전에 미리 예방해 주는 능력을 가지고 있는 것도 중요하다. 예를 들어, 차량 구매나 큰 금액의 접대비 지출 등을 앞두고 있을 때 '어떻게 하면 비용처리는 가능한지?', '부가세 환급은 가능한지?' 등의 처리방식에 따라 비용으로 인정받을 수도 있고, 부가가치세도 환급받을 수 있는 부분이 있다. 이러한 부분을 세무전문가가 미리 검토해주고 처리한다면 사업자는 세무적으로 문제를 예방할 수 있다.

한번은 법인사업자께서 접대비 지출을 위해서 상품권을 구매할 계획인데 법인카드가 아닌 계좌이체를 통해서 구매해도 괜찮은지 문의하셨다. 상품권을 고객 등에게 접대비로 줄 수 있고 정확하게 접대비로 사용한다면 비용처리도 가능하다. 다만, 상품권을 구매할 때 반드시 법인카드를 통해서 구매해야 비용처리가 가능하다. 계좌이체를 통해서 상품권을 구매한다면 비용처리가 어렵다. 따라서 법인카드로 구매하시라고 조언을 드렸고 이를 통해 비용처리도 인정받을 수 있었다. 만약, 이러한 부분을 미리 검토받지 않고 계좌이체를 통해서 상품권을 구매했다면 어떻게 되었을까? 그렇게 되면 계좌이체를 통해서 상품권을 구매하였기 때문에 비용처리가 불가능하게 되는 것이다. 상품권을 구매하여 사용하는 결과는 같지만 이처럼 어떻게 구매해야 하는지에 따라 비용처리가 될 수도 있고 안될 수도 있다. 경비를 지출하는 등에 있어서 문제가 없는지 하나씩 점검하는데도 세무전문가의 역할은 이처럼 중요하다. 이미 엎어진 물은 주워 담기가 어렵다. 마찬가지로 이미 문제가 생기면 되돌리기가 쉽지 않다. 세무적인 부분에서 궁금한 사항에 대해 언제든지 물어볼 수 있는 세무전문가를 옆에 두고 세금 문제가 발생하지 않도록 미리 검토하는 것이 중요하다.

📖 사업으로 돈을 벌기 위해서는 세무전문가와 반드시 알아두자!

사업을 하고 사업으로 돈을 벌기 위해서는 반드시 세무전문가를 알고 있어야 한다. 문제가 터지기 이전에 알아두면 가장 좋고, 문제가 터지고 나서라도 누구를 찾아가야 하는지 정확하게 알고 있다면 불필요한 시간과 돈 낭비를 줄일 수 있을 것이다. 가끔 세무대리인이 있는데 나에게 찾아와 해외구매대행업에 대해서 질문을 하시는 사업자들이 있다. "기장을 맡기고 계시는 세무대리인에게 그 궁금증에 대해서 먼저 물어보셨나요?"라고 질문을 드리면, "저…, 담당 직원은 연락이 되는데 세무사님이랑 상담받으려고 하니 연락이 잘 안돼서요"라든가 "저희 세무사님이 나이가 좀 있으셔서요. 이 분야에 대해서 질문드리기가 어렵습니다." 같이 생각지도 못한 답변을 듣곤 한다. 나이가 많다는 것과 해외구매대행업에 대해서 잘 모른다는 것은 전혀 상관이 없다. 내 주위에는 나이가 나보다 한참 많으신 회계사님인데 불구하고 아직도 책을 쓰시고 끊임없이 공부하시는 분도 계신다.

사업을 하면서 궁금한 게 생기거나 세무 이슈가 발생하면 장부를 맡기고 있는 세무대리인에게 반드시 물어보아야 한다. 그러기 위해서 매달 기장료라는 것을 세무대리인에게 내는 것이다. 단순히 세금신고만 대리하고 있다면, 신고 대리가 필요한 기간에만 맡기면 된다. 매달 기장료를 내고도 문제가 해결되지 않는다면, 왜 돈을 내고 있는지 현명한 사업가라면 한 번쯤은 생각해보아야 하지 않을까?

2

해외구매대행업의 다양한 사례와 많은 신고, 그리고 절세 경험이 있는가?

사람들은 늘 문제가 생기거나 생기기 전에 전문가를 찾는다. 나 스스로 해결이 어렵거나 제대로 해결이 안 되는 부분에 대해서 전문 가를 통해서 문제를 해결하고 싶어 한다. 전문가의 영역에는 다양한 종류가 존재한다. 의료 전문가인 의사, 법률전문가인 변호사, 회계와 세무 그리고 컨설팅 전문가인 공인회계사 등을 망라할 수 있다. 대부 분 전문가로서 활동하기 위해서 국가공인자격증을 취득하는 전문가 영역이 많다. 'CPA(Certified Public Accountant)'라고 불리는 공인회계사 역 시 마찬가지로 국가공인자격증 시험을 통과하여 2년의 수습 기간을 거쳐야 비로소 제대로 전문가로 활동을 할 수 있다.

그렇다면, 해외구매대행업에 대해서 잘 아는 세무전문가는 어떤 사람일까? 공인회계사, 세무사 자격증만 있다면 모두 다 해외구매대행업 전문가라고 할 수 있을까?

📑 해외구매대행업이 전문 분야인 세무전문가

전문가란 표준국어대사전에 따르면 '어떤 분야를 연구하거나 그 일에 종사하여 그 분야에 상당한 지식과 경험을 가진 사람'을 말하고, 위키백과에 따르면 전문가란 '기술, 예술, 기타 특정 직역에 정통한 전문적인 지식과 능력이 있는 사람 또는 그 분야의 마스터'를 의미한다. 그 외에도 여러 가지 사전적 정의가 있겠지만 전문가라고 부르기 위해서는 공통으로 그 분야에 상당한 지식과 경험, 그리고 능력이 있는 사람을 말한다.

전문가의 영역에 있는 의사도 치료의 분과에 따라 피부과, 치과, 내과 등 다양한 전문의가 있고, 법률전문가인 변호사도 민사 전문변호사, 형사전문변호사 등 법률이나 특정 영역별로 전문변호사가 있다. 세무전문가인 공인회계사도 마찬가지다. 공인회계사 자격증이 있다고 해서 모든 세무 영역에 전문가라고 말하기에는 쉽지 않고, 나 또한 모든 업종의 세무적인 이슈에 대해서 알고 있지 않다. 실제로 다른 공인회계사 선배님들을 보면 건설업에 특화된 분도 계시고, 병의원 회계 세무에 특화된 분도 계시는 등 세무전문가도 다양한 전문 분야가 존재한다.

해외구매대행업의 세무전문가라고 말하기 위해서는 사전적 정의에서 말하는 것처럼 해외구매대행업 세무에 대해서 상당한 지식과 경험 그리고 능력이 있어야 한다. 또한, 그 분야에 특화가 되어 있어야 한다. 그러한 지식과 경험을 바탕으로 사업자분들이 궁금해하는 부분을 해결해주고 세무서로부터 소명대응 등이 왔을 때 대응능력이 있어야 한다. 이러한 전문가를 해외구매대행업 전문가라고 할 수 있다.

📖 해외구매대행업 세무전문가의 요건

해외구매대행업의 세금신고와 관련하여 네이버와 같은 검색포털에 조금만 검색해보면 정말 많은 블로그와 글들이 쏟아진다. 그중에는 광고성 글도 많은데, 어떻게 하면 해외구매대행업을 잘 아는 세무전문가를 찾을 수 있는 걸까?

해외구매대행업 세무전문가로 불리기 위해서는 여러 가지 요건이 있을 수 있지만, 내가 생각하기에는 '①세금에 대한 전문지식', '②해외구매대행업에 대한 많은 세금신고, 소명대응 경험', '③해외구매대행업에 대한 직간접적인 경험과 지식' 등의 세 가지 요건을 갖추어야 한다고 생각한다.

첫째, 세금에 대한 전문적인 지식이 있어야 한다. 너무나 당연하게도 공인회계사, 세무사와 같이 세무 분야에 지식이 있어야 한다. 공인회계사, 세무사 자격증이 있다면 기본적인 요건은 해당하지만, 여기에 더해서 해외구매대행업에 대한 세무 지식도 있어야 한다. 어떻게 해외구매대행업 매출이 산출되는지, 해외구매대행업에 대한 매출의 인식시기는 상품인도일, 오픈마켓으로부터 대금정산일, 고객이 구매를 확정해준 날 중 언제로 보아야 하는지 등 해외구매대행업에서 발생할 수 있는 다양한 세무적인 지식이 필요하다.

둘째, 해외구매대행업의 세금신고와 소명 대응을 많이 해보았어야 한다. 전문가로서 해외구매대행업과 관련하여 다양한 상담을 해보고 해외구매대행업 사업자의 세금신고 경험이 많아야 하고, 세무서로부터 해외구매대행업과 관련하여 소명 대응을 해본 경험도 전문가로서 중요하다. 실제로 해외구매대행업 세금신고를 하다 보면 정말 많은 세무서로부터 연락받게 되는데, 이러한 경험이 없다면 전문가로서 제대로 된 대응을 하기 어려울 수 있다.

셋째, 해외구매대행업을 경험해보았다면 더 좋다. 해외구매대행업을 직접적으로 해보지 않더라도 간접적으로 경험해보는 것이 전문가로서 중요하다. 실제로 실무를 해보면, 해외구매대행업 사업자께서 세무적인 이슈에 대해서도 많이 물어보시지만, 사업과 관련된 직접적인 질문도 많이 주신다. 사업에 대한 직, 간접적인 경험이 없다면 사업 전반에 대해서 이해하기도 어렵고 사업자가 설명하는 부분에 대해서 대응하기도 쉽지 않아서 원활한 소통이 어렵다. 나의 경우 해외구매대행을 해본 경험이 있다 보니 사업자와 세금 부분에서 소통뿐만 아니라 사업적인 소통을 하는 데도 어려움이 크게 없다. 이처럼 해외구매대행업에 대한 직간접적인 경험이 있는 것은 전문가로 불리기 위해서는 중요한 요건 중 하나다.

이 외에도 해외구매대행업 세무전문가로 불리기 위해서는 다양한 기준이 있을 수 있다. 하지만, 최소한 앞서 언급한 3가지 요건을 갖춘 세무전문가라면 충분히 해외구매대행업과 관련하여 세무적인 문제가 생겼을 때 대응이 가능할 것이다.

처음부터 이러한 기준을 가지고 해외구매대행업 전문가를 잘 찾아가는 것은 무척 중요하다. 문제가 생겼을 때 해결이 되지 않아 다시금 다른 전문가를 찾는 것은 시간과 비용이 더 많이 들기 때문이다. 해외구매대행업을 계속해서 할 생각이라면 해외구매대행 세무전문가의 요건을 갖춘 세무전문가를 잘 찾아가 보자.

📝 결국에는 세금신고를 많이 해봐야 세무전문가가 된다

'1만 시간의 법칙'이라는 게 있다. 어떤 분야의 전문가가 되려면 최소한 1만 시간 정도의 훈련이 필요하다는 것이다. 1993년 미국의 심리학자 앤더스 에릭슨이 발표한 논문에서 처음 등장한 개념인데, 보통 어떤 분야의 전문가가 되기 위해서는 매일 3시간씩 훈련하면 약 10년, 하루 10시간씩 투자하면 3년이 걸려서 전문가가 될 수 있다고 한다. 무조건 1만 시간을 투입해야만 전문가가 되는 것은 아니겠지만, 보편적으로 특정 분야에 전문가가 되기 위해서는 결국에는 많이 해보아야 하는 건 분명하다. 한 분야를 집중적으로 하다 보면 다양한 사례를 접하고, 그 사례별로 문제점을 해결하고 대응 방안을 모색하다 보면 어느새 나도 모르게 전문가가 되는 것이다.

해외구매대행업의 세무도 마찬가지다. 다양한 사례별로 세금신고와 상담, 소명 대응하다 보면 이 분야를 잘 알 수밖에 없다. 처음부터 모든 분야를 잘 아는 사람은 없다고 생각한다. 나 역시 처음부터 해외구매대행업의 세금신고에 대해서 잘 알았던 것은 아니다. 운이 좋게도, 해외구매대행업을 직접 해볼 기회가 있었고, 회계사 전문자격증이 있었기에 여기에 세무적인 지식을 결합할 수가 있었다. 한분, 한 분 최대한 성심껏 상담해드리고 세금신고를 도와드리다 보니해외구매대행업과 관련하여 세금신고 할 기회도 많이 생기고, 소명해야 할 일도 많이 생겼다. 자연스럽게 해외구매대행업과 관련하여세금신고 경험, 소명 대응 경험이 많이 쌓이게 되었다.

해외구매대행업 세금신고를 많이 해본 회계사, 세무사라면 웬만한 경우의 수에 대해서는 막힘 없이 상담이나 세금신고가 가능하다.결국, 전문지식을 바탕으로 많은 세금신고 경험과 노하우가 있는 전문가가 진짜 전문가라고 할 수 있다.

3
세무대행 경험만이 아닌,
실제 사업 경험이 있는가?

세금 문제를 해결하는 데 있어서 세무 지식이 당연히 중요하다. 그러나, 막상 사업을 직접 해보면 세무적인 부분에 도움을 받거나 컨설팅이 필요한 일도 있지만, 그 외적으로 사업 자체의 방향 설정이나 다른 사업으로 업종전환 등 다양한 고민거리가 생긴다. 이러한 고민은 일반적으로 친구나 가까운 가족과 소통하여 해결하기도 어려워서 사업자 혼자서 끙끙 앓으며 고민하는 경우가 많다. 하지만, 세금 문제만 아니라 이러한 사업적인 고민에 대해서도 도움을 줄 수 있는 세무전문가도 분명하게 있다. 당신이 지금 만나고 있는 세무전문가는 세금신고만 대행해주는 사람인가? 아니면 사업적인 부분도 같이 고민해주는 파트너인가?

🖋️ 사업까지 같이 논의할 수 있는 파트너, 공인회계사

20여 년간 1천 명의 부자들을 추적 조사한 《이웃집 백만장자》(토마스 J.스탠리, 윌리엄 D.댄코 지음, 리드리드 출판)를 보면, 실제로 미국 부유층 사람들의 가장 중요한 조언자 역할을 맡고 있는 직업 중 하나는 공인회계사다. 특히 부유층 사람들은 거액의 증여문제와 같은 부분에 대해서 공인회계사들의 통찰력에 의존하며, 공인회계사를 자기 오른팔로 둔다고 한다.

우리나라는 어떨까? 정확한 통계자료 조사는 보지 못하여 알 수는 없지만, 아마 미국과 다를 바가 없을 것이다. 돈이 많으면 많을수록 세금 부담이 커질 수밖에 없는데, 이에 대한 두려움은 부자일수록 더 크기 때문이다.

공인회계사는 부자가 된 다음에도 가까이하면 좋은 파트너이지만, 꼭 부자가 아니라도 실력이 있는 공인회계사 한 명 정도는 알아두는 것은 내 사업에 크게 도움이 많이 된다. 특히나, 단순하게 세금을 신고해주는 것을 넘어 절세 전략을 세워주고 다음 사업을 시작할 때 방향이나 세팅에 도움을 줄 수 있는 공인회계사를 알고 있다면 사업을 하는 데 정말로 든든하다. 이러한 부분에 대해서 통찰력을 제공하기 위해서는 다양한 경험을 가진 전문가를 만나는 게 좋다. 다양한 경험에는 회사 창업 경험도 될 수 있고, 투자나 신용보증기금이나 기술보증기금으로부터 기업 보증을 받은 경험, 인수합병 업무를 해본 경험 등 회사를 운영하면서 발생할 수 있는 다양한 일들을 경험해본 것도 될 수 있다. 직접 이러한 일들을 해본 경험이 있는 전문가라면 아무래도 그렇지 못한 전문가보다 조언해줄 수 있는 부분이나 깊이가 다르기 때문이다.

회계사무소를 운영하다 보면 정말 많은 사업자를 만난다. 그리고 사업을 하시는 분들은 '기존 사업에 추가로 더 해보려고 하는 것이 있는데 어떻게 생각하는지', '투자받으려면 지분구조나 IR은 어떻게 해야 하는지', 아니면 '업종을 전환하여 이런 사업을 해보고 싶은데 조언이 필요하다.' 등 나에게 세금신고가 아닌 부분까지도 질문을 주신다. 나 역시도 단순히 세금을 신고해주는 사람이 아니라, 사업을 같이 도와주는 파트너로서 이러한 질문에 대해서 내가 할 수 있는 범위 내에서 도움을 많이 드리려고 노력한다. 최근에는 다른 사업을 하고 있다가 장사가 잘 안되어 업종전환을 하고 싶어 하시는 분들에게는 다른 업종을 가맹하고 있는 가맹점 지역 총괄 담당자를 소개해드려서 업종전환을 도와드린 적이 있다. 기존의 가게 인테리어를 최대한 활용하여 기존의 가맹점을 폐업하고 다른 가맹점을 시작하게 도와드렸는데, 기존보다 매출이 많이 증가하여 사장님이 매우 기뻐하셨다. 또 다른 개인사업자 중 한 분은 사업을 하다가 매출 규모가 더 커져서 사업을 확장하기 위해서 법인으로 전환이 필요한 시점이 되어 법인전환 컨설팅해드린 적도 있다. 단순히 개인사업자를 폐업하고 법인으로 전환 시켜드린 게 아니라 영업권 평가를 통해서 세금을 절세할 방안도 같이 도와드렸다.

이처럼 기존 사업은 물론이고 다른 사업이나 다른 업종까지 전환 또는 진출하거나 확장하면서 같이 논의할 수 있는 파트너가 있다는 것은 사업을 하는 데 크게 도움이 된다.

📑 다른 사업도 함께할 파트너

내가 멘토로 생각하고 존경하는 회계사님 중 한 분은 모 상장회사의 회장님과 함께 운동도 하고 식사도 종종 하는 가까운 사이다. 그 회계사님께 들으니 회장님께서 다른 건 몰라도 새로운 공장을 매입해야 하는 등의 투자와 관련된 중대한 의사결정을 할 때는 회계사님의 승인을 받아서 오라고 담당 직원에게 지시한다고 하셨다. 회계사님의 승인이 있어야 그 투자 건이 진행될 정도로 회장님이 회계사님을 신뢰하고 있다. 사업의 경험이 엄청 많은 회장님도 경험과 연륜이 많은 회계사님의 통찰력을 통해서 다시 한번 투자의 사업성을 검증하는 것이다.

사업의 규모가 크든 작든 사업을 함에 있어서 도움을 받을 수 있는 파트너가 있다는 것은 매우 중요하다. 특히, 사업에는 다양한 의사결정을 해야 하는데, 그 과정에서 고민을 나눌 파트너가 있다면 많은 도움이 된다. 해외구매대행업을 하다 보면 해외구매대행업을 넘어 다양한 사업으로 진출하는 경우를 많이 본다. 새로운 사업으로 진출할 때 신경을 써야 하는 게 이만저만이 아닌데, 단순히 세금 신고를 넘어서 세무전문가와 사업적인 부분에서 대화까지 된다면 사업적인 의사결정에 있어서 도움이 많이 될 수 있을 것이다.

4
세금을 무조건 줄여준다는
세무전문가는 피하라

사업자의 세금을 무조건 적게 내도록 해주는 전문가가 실력이 있는 세무전문가일까? 일반적으로 사장님들은 세금을 적게 낼 수 있도록 해주는 세무전문가가 실력이 있고 최고의 전문가라고 고개를 끄덕일지도 모르겠다. 하지만, 이것은 반은 맞고 반은 틀리다. 지금 당장 세금을 줄여주는 성과도 중요하지만, 사업자의 미래를 위해서 어떤 방식이 더 나은 방향인지 컨설팅해주는 것이 더 바람직하다고 생각한다. 예를 들어, 채용으로 상시근로자 수가 증가한 사업장이라면 고용증대세액공제를 적용해 줄 수 있다. 하지만, 고용증대세액공제의 경우 상시근로자 수에 대한 사후관리가 지속하여 필요하다. 무조건 세금을 적게 내는 것이 우선이라면 당연히 고용증대세액공제를 적용하여 세금을 줄일 수 있을 것이다. 그러나, 예시로 든 사업장이 입/퇴사가 빈번한 사업장이어서 매년 고용증대세액공제로 인하여 세금을 줄인 금액을 다시 추징된다면, 오히려 자금 문제로 이어질 수도 있어서 세액공제를 받지 않은 것보다 못한 결과를 초래할 수도 있다.

얼마 전 해외구매대행업을 하시는 사업자가 부동산 임대업도 같이 하고 계셔서 상담해드린 적이 있다. 종합소득세 신고 때마다 세금이 너무 많은 것 같아 절세를 할 수 있는 방법은 없을까 고민 끝에 나를 찾아오셨다. 사업자분께서는 "회계사님, 지인을 통해서 들었는데 세금을 줄이는 방법으로 건물의 감가상각비를 반영할 수 있다고 하던데 맞나요?"라고 질문을 주셨다. 물론 틀린 이야기는 아니다. 감가상각비를 반영한다면, 지금 당장의 종합소득세 납부세액을 줄일 수 있다. 그러나, 이 경우는 나중에 해당 건물을 양도 시 양도소득세에서 크게 문제가 될 수 있다. 건물의 양도소득세는 건물을 매각한 금액에서 건물을 취득한 금액과 지출한 경비를 차감해서 나온 차익을 기준으로 계산한다. 이때, 감가상각비로 종합소득세 계산 시 사용한 금액이 있다면 그 금액을 건물의 취득가액에서 차감하게 되는데 그렇게 되면, 건물의 취득 금액 자체가 낮아져 양도에 따른 차익이 더 커지게 되어 양도소득세가 많이 나오게 된다. 예를 들어, 건물의 취득가액이 100원이고 이를 110원에 매매하였다고 한다면, 양도에 따른 차익인 10원에 대해서 양도소득세를 계산하여 양도소득세를 납부하게 될 것이다. 하지만, 감가상각비로 100원을 사용하였다고 가정한다면, 취득가액은 100원에서 감가상각비 100원을 차감한 0원이 된다. 따라서, 110원이 양도차익(=매매가액-취득가액)이 되어 110원에 대해서 양도소득세를 계산하여 양도소득세를 납부하게 되는 것이다. 조금 더 금액을 키워서 건물을 50억에 취득해서 50억에 매매하는 경우를 생각해보자. 50억 원에 건물을 사서 50억 원에 판다고 한다면, 양도차익이 0원(=50억 원 - 50억 원)이 되어 양도소득세는 발생하지 않는다. 하지만, 50억 원을 모두 감가상각비로 비용처리에 사용하였다면 어떻게 되는 걸까? 건물의 취득가액이 0원이 되므로 양도차익이 50억 원(=50억 원-0원)이 되고, 장기보유에 따른 장기보유특별공제 등을 고려하지 않고 단순하게 양도소득세를 계산한다면 약 24억 원의 양도소득세를 납부해야 한다. 극단적으로 세금이 너무 많아서 건물을 팔지 못하는 경우가 생길 수 있다. 상담하러 오신 사업자의 경우 추후 건물을 양도할 계획이 있고, 현재 종합소득세 과세 구간이 높지 않기 때문에 지금 감가상각비를 통해 세금을 줄이기보다 다음에 양도소득세를 더 줄이는 방향으로 컨설팅을 해드렸다. 물론 상담하러 오신 사업자가 건물을 미래에 양도할 계획이 아예 없고, 지금의 종합소득세 세율 구간이 높은 사업자라면 감가상각비를 반영하는 것도 고려해 볼 수도 있었을 것이다.

만약 이러한 내용을 모르고 무조건 지금 당장 세금을 줄여주는 세무전문가를 찾아갔더라면 나중에 건물을 양도하는 시점에 엄청나게 당황하고 후회했을지도 모른다. 문제는 이미 일어난 일은 되돌리기가 어렵다는 것이고, 이후에 양도세가 많이 나오는 부분에 대해서는 모두 본인이 책임져야 한다는 점이다. 이처럼 무조건 지금 당장 세금을 줄여드리는 것보다 이후에 발생할 수 있는 세금 문제까지 같이 고민해주는 세무전문가를 만나는 것이 무척 중요하다.

5
생각이 젊고 목표를 공유할 수 있는
세무전문가를 만나라

어느 전문가의 영역이나 마찬가지지만 특히 회계사와 같은 세무 전문가는 계속해서 급변하는 사업환경과 세무 영역에 대해서 끊임 없이 공부하고 새로운 것을 받아들이기 위해 노력해야 한다. 경제 환경은 생물과 같아서 계속해서 변화하므로 새롭게 등장한 사업, 개 정된 세법 등을 계속해서 공부하지 않으면 계속 공부하는 회계사보 다 뒤처질 수밖에 없다. 새로운 것을 받아들이기 위해 노력하고, 잘 모르는 게 생기면 끊임없이 공부하려고 하는 마음가짐을 '젊은 생 각을 가졌다'라고 생각한다. 생각이 젊다는 것은 나이와는 크게 상 관없는 것 같다. 내 주위에는 나보다 25년 이상 나이가 많으신 선 배 회계사님이신데 아직도 세법을 공부하시고 책을 쓰시는 분도 계시고, 나보다 나이가 어리지만, 현재 상황에 만족하는 회계사도 있다. 주위에 계속해서 성장하는 회계사분들의 공통점은 끊임없이 연구하고 노력하는 젊은 생각을 가진 전문가들이라는 것이다. 이렇게 생각이 젊은 세무전문가를 만나고 더 나아가 사업의 목표를 공유해 나가는 것은 사업에 도움이 많이 된다. 예를 들어, 회사 성장과 관련하여 채용과 관련된 이야기를 세무전문가와 나누다 보면 채용에 따른 각종 세제 정책이 변경된 점을 알 수도 있고, 채용할 때 받을 수 있는 여러 가지 보조금 혜택에 대해서도 들을 수도 있다. 기존 사업에서 더 나아가 새로운 사업이나 유사한 사업으로 확장 계획을 세무전문가와 의논하다 보면 세무전문가가 다른 사업자를 소개해줄 수도 있고, 비슷한 사례를 통해서 인사이트를 제공할 수도 있다. 아직도 좀 더 저렴한 기장수수료에 목숨을 걸고 세금신고만 해주는 수동적인 세무전문가를 찾고 있지는 않은가? 적어도 사업을 지금보다 더 크게 만들고 싶은 사업자라면 세금을 신고하는 수단이 아닌 사업적인 부분도 논의할 수 있는 파트너로서 세무전문가를 만나보자.

📖 생각이 젊은 세무전문가

다른 회계사무소에 장부를 맡기다가 우리 회계사무소로 장부를 옮겨온 해외구매대행 사업자에게 그 이유에 관해 물어보면 "기존 회계사무소의 세무사님이 해외구매대행업에 대해서 잘 모르는 것 같습니다"라든지, "제가 세금 관련해서 이것저것 물어볼 때마다 세무사님이 귀찮아하시는 것 같습니다"라는 답변을 많이 듣는다. 실제로 해외구매대행업에 대해서 잘 모르셨는지, 아니면 정말 귀찮게 느끼시고 사업자에게 대충 대답했는지는 확인할 방법은 없지만, 어쨌거나 사업자가 궁금한 점이 있거나 문제가 생겼을 때 적극적으로 대응하지는 않은 것 같다. 누구나 다 마찬가지지만 세무전문가라고 해도 모든 사업에 대해서 다 알 수는 없고, 새로운 사업이나 잘 모르는 부분에 대해서 질문을 받으면 찾아보고 공부해야 하므로 힘들게 느껴질 수도 있다.

특히나 해외구매대행업이라는 업종 자체가 다른 업종에 비해서 매출 규모가 커서 수수료를 많이 받는 것도 아니기 때문에 더욱더 적극적으로 대응하려는 마음가짐이 들지 않을 수 있다. 나도 처음부터 많은 해외구매대행업 사업자들이 찾아온 것은 아니다. 처음에는 잘 모르는 질문도 있었지만, 계속해서 끊임없이 공부하고 정확한 답변을 드리기 위해 노력했다.

그러다 보니 한 사업자분께서 다른 사업자를 소개해주는 식으로 계속해서 더 많은 해외구매대행 사업자분들을 고객으로 만날 수 있었다. 해외구매대행업뿐만 아니라 다른 사업 분야에 대해서도 질문을 주시면, 잘 모르면 어떻게든 찾아서라도 답변을 드리기 위해서 노력하고 있다. 가능하다면, 생각이 젊은 세무전문가를 만나는 게 좋다. 생각이 젊은 세무전문가라면 궁금하거나 세금적인 문제가 생겼을 때 잘 몰라도 어떻게든 공부하고 찾아서 해답을 줄 것이다.

📖 목표를 함께 공유할 수 있는 세무전문가

사업가라면 작은 사업이든 큰 사업이든 규모와 상관없이 '어떻게 하면 더 돈을 벌 수 있을까?' 늘 고민한다. 이러한 고민은 늘 세금과 자금 문제를 동반하는데, 이러한 부분까지 같이 공유를 할 수 있는 세무전문가를 만난다면 사업에 크게 도움이 될 수도 있다. 실제로 기장을 맡기고 있는 사업자와 상담할 때면 세금 부분에서 시작해서 사업의 구상이나 앞으로의 회사의 방향 등에 대해서도 논의하는 경우가 많다. 세금뿐만 아니라 사업적인 측면에서 조언을 드릴 게 있으면 조언을 드려서 사업자를 돕고 있다.

얼마 전 해외구매대행업을 하는 사업자분과 상담을 한 적이 있다. 이 사업자분께서는 해외구매대행업을 하면서 국내의 물건을 해외로 구매대행을 해주는 역직구 사업을 하시려고 계획 중이라고 말씀을 주셨는데, 나의 거래처 대표님 중에서 해외마켓에서 판매하는 역직구 사업을 하고 계신 분이 있어서 궁금한 사항들을 물어보고 관련하여 정보를 알아봐 드렸다. 이처럼 회사의 새로운 목표와 방향에 대해서 논의하는 것은 세무전문가의 필수 영역은 아니지만, 이 부분까지도 같이 소통할 수 있다면 사업을 하는 데 있어서 도움이 많이 된다.

나는 항상 사장님들께 궁금한 게 있으면 언제든지 연락해주고

웃으면서 하는 말이지만 나를 자주 괴롭히라고 말씀드린다. 사업자 대부분은 기장 관련된 업무 외 연락을 자주 하기 부담스러워하시는 경우가 많은 것 같다. 때론 먼저 안부 차 전화를 드리게 되면 "아, 사실 이것 한번 물어보려고 했었는데…." 또는 "안 그래도 전화 한번 드리고 싶었는데…."라고 하시며 평소에 궁금했던 것을 물어보신다. 이렇게 질문을 주시고, 답변을 받는 것으로도 많은 시간을 써서 알아내는 것보다 시간도 절약되고 더 정확한 정보를 얻을 수도 있다. 가능하다면 단순히 세금신고만 맡기지 말고, 사업의 방향이나 목표에 대해서도 세무전문가와 논의할 수 있다면 사업의 성장에 크게 도움이 될 것이다.

6

적극적으로 소통이 가능한
세무전문가를 만나라

사업을 하면서 세무적인 문제가 생겼을 때 가장 중요한 것은 담당하는 세무전문가와의 소통이다. 마음은 급한데, 소통이 되지 않으면 스트레스만 받고 심한 경우 사업에 지장이 생길 수도 있다. 특히, 가산세는 시간이 지날수록 붙는다! 빠르게 서로 대화를 통해서 문제를 파악하고, 이를 적극적으로 해결하는 소통 능력이 중요하다. 문제가 발생하지 않는 평소에도 소통이 잘되는 세무전문가를 아는 건 그 자체로도 사업에 도움이 많이 되므로 중요한 일이다.

📖 소통이 가능한 세무전문가

계속해서 성장하고 있는 회계사무소라면 거래처 수가 계속 증가하다 보니 거래처의 아주 세세한 부분까지 신경을 쓰기는 쉽지는 않다. 그렇지만, 소통이 잘되는 회계사무소의 세무전문가라면 사업자가 문제가 생겨 해결이 필요한 경우 업무시간은 물론 업무시간 이외에도 평일 저녁이든 주말이든 문제를 파악하고 어떻게서든 해결해 드리려고 노력할 것이다.

회계사나 세무사 대부분은 사업자와 세금과 관련하여 소통에 있어서 문제가 없다. 하지만, 일부 전문가들은 최대한 박리다매로 저가 기장 수임을 하기 때문의 소통에 문제가 생길 수밖에 없다. 예를 들어, 회계사무소에 기장을 맡기면 회계사무소 직원이 일차적으로 사업자를 관리하고 사업자에게 문제가 있거나, 절세와 관련하여 궁금증이 생기면 이를 인지해야 한다. 하지만, 저가로 수임하는 회계사무소는 그러기 쉽지 않다. 저가 수임을 주로 하는 회계사무소의 경우 다른 회계사무소보다 직원 1명당 더 많은 업체를 관리해야 하고, 그러다 보면 당연히 소통이 잘 안 되기 때문이다. 회계담당자가 나의 사업장 이외에도 다른 사업장도 기장 업무를 하므로 눈코 뜰 새 없이 바쁘다.

실제로 다른 회계사무소에서 기장을 맡기고 있다가 나에게 오는 경우 중 '담당 세무사님과 연락이 닿지 않습니다'와 같은 하소연을 하시는 분들이 생각보다 있다. 나에게 기장을 맡기기 전에 있던 회계사무소에서 기장료가 얼마인지 확인해보면 아주 저렴한 가격에 기장을 맡기고 있던 경우가 많다. 사업 초기에 매출이 얼마 없거나 세금신고만 필요한 경우라면 크게 문제 되지 않을 수도 있지만, 이런 경우 사업이 성장하면 할수록 성장에 도움이 안 된다.

다양한 소통 도구들

회계사무소와 사업자 간 소통하는 방법에는 어떤 것들이 있을까? 전산이 발달하지 않았던 과거라면 전화나 팩스 정도가 전부였겠지만, 요즘은 다양한 도구들이 있다. 카카오톡을 활용하여 상담 창구를 오픈하여 운영하는 회계사무소도 있고, 좀 더 나아가 젊은 사업자들과 소통에 있어서는 슬랙(Slack)이나 노션(Notion)을 활용하는 곳도 있다. 기존에 개발된 소통 도구 이외에도 최근에는 회계사무소 직원 1명당 관리하는 업체 수가 늘어나도 소통에 문제가 생기지 않도록 자체 프로그램 개발을 시도하는 회계사무소도 있다. 아무런 노력 없이 무조건 싸게 저가로 기장을 수주하려고만 하는 곳보다 다양한 소통 도구들을 활용하여 적극적으로 소통하려는 노력이 있는 회계사무소라면 사업자에게 반드시 도움이 될 것이다.

소통은 결국 관심이다

회계사무소와 사업자 간에 소통이 잘되고 안 되고의 차이는 매일 전화를 걸어 안부를 묻는 차원의 문제가 아니다. 사업자에게 한

달에 한 번을 연락하더라도 회사의 매출 성장과 경비 처리를 늘 확인하고, 새로운 고민은 없는지 관심을 가지는 게 소통의 핵심이다. 이렇게 관심을 가지고 사업자와 대화하다 보면 평소에 고민은 있었지만, 세무전문가에게 말하지 않았던 부분도 알게 되고 같이 고민을 해결해 나가면서 서로 간에 신뢰가 생기는 것이다.

다른 업종도 마찬가지지만, 특히나 해외구매대행업을 하다 보면 궁금한 것이 한두 가지가 아니다. '해외에서 매입할 때 경비처리에는 문제가 없는지?', '세관통관 시 통관 관련 관세 및 부가세는 어떻게 처리가 되는지?', '국내 배송과 관련하여 택배비를 대납한 것은 어떻게 처리할 수 있는지?' 등 절차마다 세무적으로 궁금한 게 너무 많이 생긴다. 일반적인 회계사무실에서 기장을 하는 업종은 제조업이나 음식점업 등이 많다 보니 해외구매대행업과 같은 업종은 관심을 가지고 소통하지 않는 이상 관리되지 않고 방치되기 쉽다. 다른 회계사무소에서 장부만 받아보아도 오랫동안 방치가 된 장부인지 아닌지를 바로 알 수가 있다. 혹시 지금 기장을 맡기고 있는 회계사무소에서 내 회사 장부는 방치되고 있지는 않은가? 사업을 함에 있어서 소통 문제로 스트레스는 받고 있지는 않은가? 한 번쯤 소통이 잘되고 있는지 확인이 필요한 시점이다.

돈 걱정 없는 삶을 위한 기본서

돈의 시그널을 읽어라

최재경 지음 | 18,000원

**나는 돈이 흘러가는 대로 살아가는가?
아니면 돈의 흐름을 주도하는 주인으로 살아가는가?**

내 돈에 대한 통제력을 갖고 싶은 사람, 돈과 관련한 의사결정이나 행동을 제대로 하고 있는지 점검하고자 하는 사람, 지금까지와는 다르게 재무 상황을 개선하고자 하는 의지가 있는 사람, 준비된 인생 2막을 맞이하고 싶은 사람, 진정한 부자가 되기 위해 한 단계씩 실천할 수 있는 사람들에게, 이 책은 현명한 돈 관리 노하우뿐 아니라 재무 전반에 관련한 중요한 '시그널'을 전달해줄 수 있을 것이다. 《돈의 시그널을 읽어라》는 자본주의 사회를 살아가는 모든 이들에게 인생 최대의 난제이자 숙제일 수밖에 없는 '돈'에 관한 기본 지침을 차근차근 알려준다.

큰돈 없이 건물주 되는 법

3천만 원으로 빌딩 한 채 사십시오!

이대희 지음 | 15,000원

**투자가 '투잡'이 된 시대
'공동투자'면 당신도 빌딩주로 살 수 있다!**

어떤 상황에서도 투자 시장의 틈새는 있다. 그리고 투자의 귀재들은 이 틈을 정확히 공략한다. 답은 '빌딩 공동투자'에 있다. 빌딩은 정부의 초강력 부동산 규제책을 비껴가며, 대출 제한에서도 상대적으로 자유롭기 때문이다. 이 책은 좋은 빌딩을 고르는 법, 빌딩주가 되었을 때의 관리 및 운영방법, 임차인과 원만히 계약하고 결별하는 법까지 성공적인 빌딩주가 될 수 있는 노하우를 전부 담아냈다. 혼자서는 살 수 없었던 빌딩, 이제 3천만 원이면 당신도 빌딩주가 될 수 있다! 지금 당장 빌딩 투자에 성공해 플렉스하는 삶을 살아보자!

지금은 빌딩투자 성공시대

황정빈 지음 | 19,000원

**빌딩의 가치를 높이는
차이 나는 투자 전략 가이드!**

2021년 상업, 업무용 빌딩 거래 중 60%가 50억 원 미만의 꼬마빌딩이었다. 강남의 고급 아파트 한 채만 해도 50억이 훌쩍 넘어선다는 세상에서, 이제 빌딩은 그저 목이 빠지게 고개를 쳐들고 올려다 볼 대상이 아니라, 합리적 선택과 풍부한 부동산 지식, 개인의 노력에 따라 얼마든지 소유할 수 있는 투자의 대상으로 우리에게 다가왔다.
이 책《지금은 빌딩투자 성공시대》의 제목은 당신이 지금의 부동산 시장을 직시할 것을 요구하고 있다. 말 그대로, 지금은 당신이 빌딩투자를 해야 할 바로 '그때'이다!

**가치 투자의
최고봉,
빌딩 투자!**

잘 팔리는 부동산은 따로 있다

장미정 지음 | 16,000원

**낡고 오래된 집도, 교통이 불편한 집도
더 높은 가격에 팔리는 신개념 부동산 재테크**

홈스테이징은 리모델링보다 적은 비용으로 주택의 가치를 빠르게 상승시킬 수 있는 효과적인 재테크 비책이다. 집을 상품으로 생각해 판매자의 마음에 들도록 해서 주변 매물보다 '더 사고 싶게' 만든다. 그러면 더 높은 가격으로 더 빠르게 팔리게 되는 것이다. 게다가 집에만 적용하는 것이 아니라, 비거주용 부동산에도 충분히 적용할 수 있다. 부동산 정책이 언제, 어떻게 바뀔지 몰라 밤잠을 설치는가? 그렇다면 이 책을 펼치며 걱정을 내려놓길 바란다. 정책과 상관없이 '더 빠르게', '더 비싸게' 부동산을 팔 수 있는 홈스테이징 재테크가 이 책에 있다!

**지금 집값보다
더 높게 팔기**